Curso

Técnico Medio Sanitario en Cuidados Auxiliares de Enfermería

SERVICIO DE SALUD DE LAS ILLES BALEARS (IB-SALUT)

Si aún no dispones de tu **Curso MAD360**, te ofrecemos un acceso GRATIS de 30 días para que disfrutes de los siguientes recursos:

- Técnicas de Memoria 360.
- MADTEST: Test *online* Nivel PRO.
- Temario en formato digital.
- Vídeos y esquemas.
- Planificación de estudio.
- Foro entre opositores hasta la fecha del examen.*
- Recursos y novedades exclusivas.
- Consúltanos sobre tu oposición y proceso selectivo.
- Actualizaciones legislativas (Boletines Oficiales) hasta 60 días antes de la fecha del examen.*

Para acceder a esta prueba del Curso MAD360** será necesaria la compra de todos los libros para esta especialidad de la edición 2025.

Regístrate en **mad.es/iniciar-sesion** y en la pestaña MIS CURSOS valida los códigos que encuentras en la última página de tus libros.

NOTA IMPORTANTE:

* Examen de esta categoría profesional correspondiente a la convocatoria publicada en el BOIB n.º 115, de 30 de agosto de 2025, o hasta el 31 de octubre de 2026, lo que se cumpla antes, y previa renovación del servicio.

** El acceso al CURSO MAD360 estará disponible desde octubre de 2025 (algunos recursos podrían estar disponibles en fecha posterior). Tendrá una duración de 30 días RENOVABLES mediante pago, desde la validación de códigos, o hasta el 30 de abril de 2027, lo que se cumpla antes.

MAD se reserva el derecho a ampliar dichas fechas.

Técnico Medio Sanitario en Cuidados Auxiliares de Enfermería del Servicio de Salud de las Illes Balears (IB-SALUT)

Octubre, 2025

Técnico Medio Sanitario en Cuidados Auxiliares de Enfermería del Servicio de Salud de las Illes Balears (IB-SALUT)

Test del Temario

Autores

DOMINGO GÓMEZ MARTÍNEZ
Licenciado en Derecho

M.ª DEL CARMEN SILVA GARCÍA
Diplomada Universitaria en Enfermería
Técnica Especialista de Laboratorio

JUAN MANUEL GIL RAMOS
Licenciado en Medicina. Master en Salud Ambiental.
Médico Puericultor. Profesor de Procesos Diagnósticos Clínicos y Productos Ortoprotésicos.
Profesor de Procesos Sanitarios y Asistenciales

HERMINIA ANDRADES ROMERO
Diplomada en Fisioterapia. Técnico Superior en Imagen para el Diagnóstico.
Técnica Superior en Laboratorio de Análisis Clínico. Prevencionista de Riesgos laborales (grado intermedio).
Auxiliar de Enfermería. Profesora de Procedimientos de Diagnósticos Clínicos y Productos Ortoprotésicos.
Profesora de Procedimientos Sanitarios y Asistenciales

JOSÉ MANUEL PÉREZ SANTANA
Diplomado Universitario en Enfermería

© 7 Editores Recursos para la Cualificación Profesional y el Empleo, S.L. (7 Editores)
©Los autores
Primera edición, octubre 2025 (236 páginas)
Derechos de edición reservados a favor de 7 Editores
IMPRESO EN ESPAÑA
Diseño Portada: 7 Editores
Edita: 7 Editores
Avda. San Francisco Javier, 9 · Edificio Sevilla 2 · Planta 11 · Módulos 25-27 · 41018 Sevilla
Teléfono: 954 784 411 · WEB: www.mad.es · e-mail: administracion@7editores.com
ISBN: 979-13-702-8040-6
© "Editorial Mad" y "Eduforma" son nombres comerciales registrados de
7 Editores Recursos para la Cualificación Profesional y el Empleo, S.L.

Índice

CONTENIDO JURÍDICO COMÚN

CONTENIDO ESPECÍFICO

CONTENIDO JURÍDICO COMÚN

TEST N.º 1

La Constitución española de 1978: valores superiores y principios constitucionales fundamentales; derechos y deberes fundamentales. La protección de la salud en la Constitución

1. El artículo 10 de la Constitución Española contempla:

a) Que la dignidad de la persona es fundamento del orden político y de la paz social.
b) El primero de los derechos fundamentales contenidos en la misma.
c) La prohibición de lesión a la persona física.
d) La interpretación de la Declaración Universal de Derechos Humanos conforme a la Constitución Española.

2. ¿Cuál de los siguientes no se especifica en el artículo 10.1 como fundamento del orden político y la paz social?

a) La dignidad de la persona.
b) Los derechos inviolables de la persona.
c) La seguridad jurídica.
d) El libre desarrollo de la personalidad.

3. En relación con la dignidad de la persona:

a) En realidad, la Constitución solamente la reconoce a la persona en tanto que ciudadana.
b) Puede verse alterada, jurídicamente hablando, atendiendo a la situación en que la persona se encuentre.
c) No admite grados.
d) Es renunciable y disponible.

4. El artículo 10 de la Constitución Española:

a) No reconoce el valor de los Tratados Internacionales, dándole el máximo y único valor a la Constitución.
b) Dispone que los tratados y acuerdos ratificados por España sirven de parámetro interpretativo de los derechos y libertades establecidos en la Constitución.

c) Reconoce únicamente validez, en relación con los derechos humanos, a la Declaración Universal de Derechos Humanos.

d) Establece que los Tratados Internacionales ratificados por España se situarán en una posición superior en la jerarquía normativa respecto de la Constitución.

5. De la Constitución se desprende que:

a) Los derechos y libertades establecidos en Tratados internacionales no tienen valor.

b) Los derechos y libertades establecidos en Tratados internacionales tienen rango constitucional.

c) Los derechos y libertades establecidos en Tratados internacionales tienen rango constitucional únicamente en la medida en que también estén reconocidos en la Constitución Española.

d) Los derechos reconocidos en Tratados internacionales tienen eficacia directa, por este hecho, en los tribunales españoles, aunque no hayan estado ratificados por el Estado español.

6. En relación con la nacionalidad española:

a) La Constitución establece que solamente se puede adquirir por nacimiento.

b) Se adquiere únicamente por nacimiento, no obstante, un extranjero puede optar a la residencia.

c) Se puede adquirir.

d) Nunca se puede perder.

7. En base a la Constitución Española:

a) Un español nunca puede perder su nacionalidad.

b) Ningún español de origen podrá ser privado de su nacionalidad.

c) La nacionalidad siempre se conserva.

d) No se admite la doble nacionalidad de un español.

8. En relación con la doble nacionalidad:

a) La Constitución Española no la permite.

b) El Estado puede concertar tratados de doble nacionalidad con los países iberoamericanos o con aquellos que hayan tenido o tengan una particular vinculación con España.

c) Solamente se puede reconocer en relación con la nacionalidad de otros países europeos.

d) Solamente se puede reconocer en relación con antiguos países que formaban parte de la Corona española.

9. ¿Cuál de las siguientes afirmaciones es falsa?

a) No es la primera vez que una Constitución Española regula aspectos relacionados con la nacionalidad.

b) La Constitución Española no es la única a nivel mundial que contiene regulación respecto de la nacionalidad de los ciudadanos del Estado.

c) En la Constitución se desarrollan las formas de adquisición, conservación y pérdida de la nacionalidad española, dada su importancia.

d) La nacionalidad es una cualidad jurídica de la persona.

10. En base al artículo 12 de la Constitución Española:

a) Los españoles se pueden emancipar a los dieciocho años.

b) Los españoles se pueden emancipar a los dieciséis años.

c) Los españoles son mayores de edad a los dieciocho años.

d) Los españoles son mayores de edad a los veintiún años.

11. Indica la respuesta incorrecta:

a) Que la Constitución establezca cuál es la edad de obtención de la mayoría de edad no implica que, por causa justificada, la ley pueda establecer otras edades para ejercer algunos derechos y obligaciones.

b) Que la Constitución establezca cuál es la edad de obtención de la mayoría de edad no implica la imposibilidad de emanciparse.

c) La Constitución equipara la minoría de edad con la incapacidad.

d) La Constitución vincula, en términos generales, la mayoría de edad a la adquisición de la plena capacidad de obrar.

12. No ser mayor de edad implica:

a) Que no puedes votar en las elecciones.

b) Que no puedes contraer matrimonio.

c) Que no puedes trabajar.

d) Que no puedes celebrar ningún tipo de contrato.

13. Atendiendo a lo dispuesto en el artículo 13 de la Constitución:

a) En todo caso, solamente los españoles están legitimados para participar en asuntos públicos.

b) Los extranjeros gozarán es España de los derechos fundamentales, pero no de las libertades públicas establecidas en la Constitución.

c) Los españoles son titulares del derecho de participación en los asuntos públicos, lo que puede extenderse, vía tratado o ley, a otros sujetos para el derecho de sufragio activo y pasivo en las elecciones municipales, siempre atendiendo a criterios de reciprocidad.

d) Solamente los españoles mayores de edad y con determinado nivel cultural pueden participar en asuntos públicos.

14. En relación con el derecho de asilo:

a) No se puede conceder a los refugiados, en ningún caso.

b) Por ley orgánica se establecerán los términos en que los ciudadanos de otros países podrán gozar de este derecho en España.

c) Por ley se establecerán los términos en que los ciudadanos de otros países y los apátridas podrán gozar de este derecho en España.

d) Por reglamento se establecerán los términos en que los apátridas podrán gozar de este derecho en España.

15. Indica la respuesta correcta en relación con la extradición:

a) La extradición solo se concederá en cumplimiento de un tratado o de la ley, atendido al principio de reciprocidad.

b) La extradición solo se concederá en cumplimiento de un tratado o de la ley, sin requerirse la reciprocidad.

c) También se puede conceder la extradición por delitos políticos.

d) No se puede extraditar por actos de terrorismo.

16. Del artículo 13 de la Constitución Española:

a) Se deduce que los extranjeros no tienen que estar sometidos al ordenamiento jurídico español, están sometidos únicamente al de su Estado.

b) Se entiende que los extranjeros no disponen ni de derechos ni de libertades públicas en España, al igual que no tienen atribuidas obligaciones.

c) Se deduce que los extranjeros no pueden tener atribuidas obligaciones en el Estado español.

d) Se deduce que los extranjeros están sometidos al ordenamiento jurídico del Estado español, y, en consecuencia, son también sujetos de derechos y también de obligaciones.

17. Respecto de los extranjeros, ¿qué tres circunstancias se les reconocen explícitamente en el artículo 13 de la Constitución?

a) El derecho a la vida, al asilo y a la extradición.

b) El goce de las libertades públicas, el derecho a la participación en asuntos públicos y el derecho al asilo.

c) El goce de las libertades públicas, el derecho a la vida y la extradición.

d) El goce de las libertades públicas, el derecho al asilo y la extradición.

18. ¿El texto del artículo 13 de la Constitución es el mismo actualmente que el aprobado en 1978?

a) Sí, por supuesto, ya que nunca se ha procedido a la reforma de la Constitución, y menos por el procedimiento agravado, que sería el aplicable a este artículo por su ubicación dentro de la misma.

b) Sí, por supuesto, la Constitución nunca ha sufrido ningún tipo de modificación.

c) No, el apartado 2 del mismo, relativo a los derechos de sufragio activo y pasivo tuvo que ser modificado.

d) No, en realidad se tuvo que reescribir por completo al incorporarnos en la Unión Europea.

19. El artículo 14 de la Constitución:

a) Contiene un derecho fundamental.

b) Contiene una indicación para los poderes públicos, pero sin carácter vinculante.

c) Únicamente contiene una obligación para los particulares y para su tráfico jurídico.

d) Contiene un derecho y una obligación tanto para los particulares como para los poderes públicos, pero no se trata de un derecho fundamental.

20. El artículo 14 de la Constitución hace referencia al derecho a la igualdad, dice que "los españoles son iguales ante la ley, sin que pueda prevalecer discriminación alguna...". ¿Cuál de los siguientes términos no está explícitamente estipulado en el texto del precepto?

a) Nacimiento.

b) Matrimonio.

c) Raza.

d) Religión.

En MADTEST tienes **más preguntas de este tema**, y todos tus avances quedan registrados y se reflejan en el ranking.

¡Supera tus límites con MADTEST!

Solución al test n.º 1

1. a) Que la dignidad de la persona es fundamento del orden político y de la paz social.

2. c) La seguridad jurídica.

3. c) No admite grados.

4. b) Dispone que los tratados y acuerdos ratificados por España sirven de parámetro interpretativo de los derechos y libertades establecidos en la Constitución.

5. c) Los derechos y libertades establecidos en Tratados internacionales tienen rango constitucional únicamente en la medida en que también estén reconocidos en la Constitución Española.

6. c) Se puede adquirir.

7. b) Ningún español de origen podrá ser privado de su nacionalidad.

8. b) El Estado puede concertar tratados de doble nacionalidad con los países iberoamericanos o con aquellos que hayan tenido o tengan una particular vinculación con España.

9. c) En la Constitución se desarrollan las formas de adquisición, conservación y pérdida de la nacionalidad española, dada su importancia.

10. c) Los españoles son mayores de edad a los dieciocho años.

11. c) La Constitución equipara la minoría de edad con la incapacidad.

12. a) Que no puedes votar en las elecciones.

13. c) Los españoles son titulares del derecho de participación en los asuntos públicos, lo que puede extenderse, vía tratado o ley, a otros sujetos para el derecho de sufragio activo y pasivo en las elecciones municipales, siempre atendiendo a criterios de reciprocidad.

14. c) Por ley se establecerán los términos en que los ciudadanos de otros países y los apátridas podrán gozar de este derecho en España.

15. a) La extradición solo se concederá en cumplimiento de un tratado o de la ley, atendido al principio de reciprocidad.

16. d) Se deduce que los extranjeros están sometidos al ordenamiento jurídico del Estado español, y, en consecuencia, son también sujetos de derechos y también de obligaciones.

17. d) El goce de las libertades públicas, el derecho al asilo y la extradición.

18. c) No, el apartado 2 del mismo, relativo a los derechos de sufragio activo y pasivo tuvo que ser modificado.

19. a) Contiene un derecho fundamental.

20. b) Matrimonio.

TEST N.º 2

El Estatuto de autonomía de las Islas Baleares: disposiciones generales

1. El día de las Illes Balears se celebra el:

a) El 1 de marzo.
b) El 2 de mayo.
c) El 30 de mayo.
d) El 9 de junio.

2. El Estatuto de Autonomía fue reformado en el año:

a) 1995.
b) 2007.
c) 2010.
d) 2015.

3. Según el artículo 1 del Estatuto de Autonomía, la denominación oficial de la Comunidad Autónoma es:

a) Comunidad Autónoma Balear.
b) Illes Balears.
c) Baleares.
d) Islas de Mallorca y Menorca.

4. ¿Qué islas forman parte del territorio de la Comunidad Autónoma de las Illes Balears según el artículo 2 del EA?

a) Mallorca, Menorca, Ibiza, Formentera y Cabrera.
b) Mallorca, Menorca, Ibiza y Formentera.
c) Mallorca, Menorca y Cabrera.
d) Mallorca, Menorca, Ibiza, Formentera y Tenerife.

5. La insularidad balear genera principalmente:

a) Un aumento de la competitividad empresarial.
b) Ventajas en el comercio marítimo.

c) Un considerable incremento del coste de las actividades productivas.
d) Una mayor independencia económica.

6. ¿Qué artículo de la Constitución Española reconoce el hecho insular como un hecho diferencial a tener en cuenta?

a) Artículo 2.
b) Artículo 3.
c) Artículo 138.1.
d) Artículo 149.

7. ¿Cuál es la lengua propia de las Illes Balears según el artículo 4 del EA?

a) El castellano.
b) El mallorquín.
c) El balear.
d) El catalán.

8. ¿Cómo está constituida la bandera de las Illes Balears según el Estatuto de Autonomía?

a) Fondo azul con un castillo blanco en el centro.
b) Cuatro barras rojas verticales sobre fondo amarillo.
c) Cuatro barras rojas horizontales sobre fondo amarillo con un cuartel morado y un castillo blanco de cinco torres.
d) Cruz blanca sobre fondo rojo con un escudo central.

9. ¿Qué forma heráldica tiene el escudo de las Illes Balears?

a) Escudo francés.
b) Escudo español.
c) Escudo ovalado.
d) Escudo inglés.

10. ¿Qué elemento adorna el escudo de las Illes Balears según la Ley 7/1984?

a) Hojas de laurel.
b) Hojas de acanto doradas.
c) Hojas de palma.
d) Cintas rojas y amarillas.

11. Según el Estatuto de Autonomía, las Illes Balears se constituyen en Comunidad Autónoma en virtud de:

a) La voluntad del Parlamento Balear.
b) El Estatuto de Autonomía exclusivamente.

c) La Constitución y el Estatuto de Autonomía.
d) Un acuerdo con el Gobierno central.

12. La nacionalidad histórica que forman Mallorca, Menorca, Ibiza y Formentera se expresa a través de:

a) Su idioma común.
b) Su voluntad colectiva de autogobierno.
c) Su situación geográfica.
d) Su relación con el Mediterráneo.

13. El Estatuto de Autonomía ampara la insularidad como:

a) Un obstáculo al desarrollo.
b) Un hecho diferencial merecedor de protección especial.
c) Un elemento secundario.
d) Una desventaja inevitable.

14. La Ley 3/1986, de 19 de abril, tiene como finalidad:

a) La creación de la bandera balear.
b) La regulación del escudo.
c) La delimitación territorial.
d) La Normalización Lingüística.

15. El artículo 5 del EA obliga al Gobierno balear a promover:

a) El intercambio económico exclusivo.
b) La comunicación e intercambio cultural con territorios con vínculos lingüísticos.
c) La integración política de las islas.
d) El comercio marítimo con Europa.

16. Según la disposición adicional 2ª del Estatuto de Autonomía, los convenios de cooperación para salvaguardar el patrimonio lingüístico común podrán solicitarse a:

a) El Consejo de Europa.
b) El Gobierno del Estado y las Cortes Generales.
c) El Tribunal Constitucional.
d) La Unión Europea.

17. El cuartel situado en la parte superior izquierda de la bandera balear es:

a) Morado con un castillo blanco de cinco torres.
b) Verde con un castillo.

c) Azul con una estrella.
d) Rojo con una corona.

18. Cada isla podrá tener sus propios símbolos por acuerdo de:

a) El Gobierno balear.
b) El Consejo Insular respectivo.
c) El Parlamento autonómico.
d) El Gobierno del Estado.

19. El Día de las Illes Balears conmemora:

a) La primera Constitución española.
b) La anexión de Menorca.
c) El fin de la Guerra de Sucesión.
d) La entrada en vigor del Estatuto de Autonomía.

20. Según el artículo 12 del Estatuto de Autonomía, la Comunidad Autónoma de las Illes Balears fundamenta el derecho al autogobierno en los valores del respeto a la dignidad humana, la libertad, la igualdad, la justicia, la paz y:

a) Los derechos humanos.
b) El bienestar social.
c) El pluralismo político.
d) La legalidad.

En MADTEST tienes **más preguntas de este tema**, y todos tus avances quedan registrados y se reflejan en el ranking.

¡Supera tus límites con MADTEST!

Solución al test n.º 2

1. a) El 1 de marzo.

2. b) 2007.

3. b) Illes Balears.

4. a) Mallorca, Menorca, Ibiza, Formentera y Cabrera.

5. c) Un considerable incremento del coste de las actividades productivas.

6. c) Artículo 138.1.

7. d) El catalán.

8. c) Cuatro barras rojas horizontales sobre fondo amarillo con un cuartel morado y un castillo blanco de cinco torres.

9. b) Escudo español.

10. b) Hojas de acanto doradas.

11. c) La Constitución y el Estatuto de Autonomía.

12. b) Su voluntad colectiva de autogobierno.

13. b) Un hecho diferencial merecedor de protección especial.

14. d) La Normalización Lingüística.

15. b) La comunicación e intercambio cultural con territorios con vínculos lingüísticos.

16. b) El Gobierno del Estado y las Cortes Generales.

17. a) Morado con un castillo blanco de cinco torres.

18. b) El Consejo Insular respectivo.

19. d) La entrada en vigor del Estatuto de Autonomía.

20. a) Los derechos humanos.

**La Ley 14/1986, de 25 de abril, general de sanidad:
principios generales del sistema de salud; competencias de las
administraciones públicas; estructura del sistema sanitario público**

1. ¿Qué norma regula los aspectos básicos de las profesiones sanitarias tituladas en lo que se refiere a su ejercicio por cuenta propia o ajena?

a) La Ley 41/2002, de 14 de noviembre.
b) La Ley 16/2003, de 28 de mayo.
c) La Ley 44/2003, de 21 de noviembre.
d) La Ley 15/1997, de 25 de abril.

2. ¿De cuántos artículos consta la Ley 14/1986 de 25 de abril, General de Sanidad?

a) 109.
b) 111.
c) 113.
d) 116.

3. La Ley 14/1986 de 25 de abril, General de Sanidad, se estructura en:

a) Un Título Preliminar, siete Títulos, diez Disposiciones Adicionales, seis Disposiciones Transitorias, dos Disposiciones Derogatorias y dieciséis Disposiciones Finales.
b) Un Título Preliminar, seis Títulos, diez Disposiciones Adicionales, siete Disposiciones Transitorias, dos Disposiciones Derogatorias y dieciséis Disposiciones Finales.
c) Un Título Preliminar, siete Títulos, diez Disposiciones Adicionales, siete Disposiciones Transitorias, tres Disposiciones Derogatorias y dieciséis Disposiciones Finales.
d) Un Título Preliminar, siete Títulos, diez Disposiciones Adicionales, seis Disposiciones Transitorias, tres Disposiciones Derogatorias y dieciséis Disposiciones Finales.

4. ¿Qué artículo de nuestra Carta Magna proclama que "corresponde a los poderes públicos promover las condiciones para que la libertad y la igualdad del individuo y de los grupos en que se integra sean reales y efectivas?

a) El art. 9.1.
b) El art. 9.2.

c) El art. 43.1.
d) El art. 43.3.

5. La Ley 14/1986, de 25 de abril, General de Sanidad, establece que las piezas básicas de los Servicios de Salud de las Comunidades Autónomas son:

a) Las Áreas de Salud.
b) Los Distritos Sanitarios.
c) Las Comarcas Sanitarias.
d) Las Zonas de Salud.

6. La Ley 14/1986, de 25 de abril, General de Sanidad, tiene como objeto la regulación general de todas las acciones que permitan hacer efectivo el derecho a la protección de la salud reconocido en el artículo:

a) 15 de la Constitución Española.
b) 19 de la Constitución Española.
c) 33 de la Constitución Española.
d) 43 de la Constitución Española.

7. Las funciones de Alta Inspección se ejercerán:

a) Por los órganos del Estado competentes en materia de sanidad.
b) Por los órganos de las Comunidades Autónomas competentes en materia de sanidad.
c) Por los órganos de las Corporaciones Locales competentes en materia de sanidad.
d) Todas las respuestas son correctas.

8. Los funcionarios de la Administración del Estado que ejerzan la Alta Inspección gozarán, a todos los efectos, de las consideraciones de:

a) Agentes de la autoridad.
b) Autoridad pública.
c) Policía.
d) Delegados de la Autoridad.

9. Cuando, como consecuencia del ejercicio de las funciones de Alta Inspección, se comprueben incumplimientos por parte de la Comunidad Autónoma, las autoridades sanitarias del Estado le advertirán de esta circunstancia a través de:

a) El Consejo de Estado.
b) El Ministro de Sanidad, Servicios Sociales e Igualdad.
c) El Delegado del Gobierno.
d) El Consejo Interterritorial del Sistema Nacional de Salud.

10. ¿Con qué periodicidad presentará la Alta Inspección del Sistema Nacional de Salud una memoria sobre el funcionamiento del sistema ante el Consejo Interterritorial del Sistema Nacional de Salud para su debate?

a) Cada dos años.
b) Anualmente.
c) Semestralmente.
d) Trimestralmente.

En MADTEST tienes **más preguntas de este tema**, y todos tus avances quedan registrados y se reflejan en el ranking.

¡Supera tus límites con MADTEST!

Solución al test n.º 3

1. c) La Ley 44/2003, de 21 de noviembre.

2. d) 116.

3. a) Un Título Preliminar, siete Títulos, diez Disposiciones Adicionales, seis Disposiciones Transitorias, dos Disposiciones Derogatorias y dieciséis Disposiciones Finales.

4. b) El art. 9.2.

5. a) Las Áreas de Salud.

6. d) 43 de la Constitución Española.

7. a) Por los órganos del Estado competentes en materia de sanidad.

8. b) Autoridad pública.

9. c) El Delegado del Gobierno.

10. b) Anualmente.

TEST N.º 4

La Ley 16/2003, de 28 de mayo, de cohesión y calidad del Sistema Nacional de Salud: tarjeta sanitaria individual. El usuario del Sistema Nacional de Salud: derechos y deberes

1. Según la Ley 16/2003, la tarjeta sanitaria individual tiene carácter:

a) Administrativo general para todas las prestaciones de la Seguridad Social.
b) Exclusivamente sanitario, para acceder a la asistencia sanitaria.
c) Laboral y sanitario.
d) Económico y sanitario.

2. El Real Decreto 183/2004 desarrolla el artículo 57 de la Ley 16/2003 para regular:

a) La receta médica electrónica.
b) La tarjeta sanitaria individual.
c) La historia clínica informatizada.
d) Los centros de referencia hospitalarios.

3. La tarjeta sanitaria individual puede emitirse en:

a) Soporte físico únicamente.
b) Soporte virtual únicamente.
c) Soporte físico y/o virtual.
d) Exclusivamente en soporte con chip.

4. Entre los datos adicionales que pueden incorporarse a la tarjeta sanitaria, se encuentra:

a) El grupo sanguíneo del titular.
b) La fecha de caducidad de la tarjeta para ciertos colectivos.
c) El lugar de nacimiento.
d) El estado civil del titular.

5. En el anverso de la tarjeta sanitaria, ¿qué dato aparece en la franja inferior, primera línea?

a) Nombre y apellidos del titular.
b) Código de identificación personal asignado por la administración sanitaria.
c) Fecha de caducidad de la tarjeta.
d) Número de la Seguridad Social.

6. El tamaño de la tarjeta sanitaria individual se ajusta al estándar:

a) ISO 9001.
b) ISO 14001.
c) ISO 7810.
d) ISO 50001.

7. El código de identificación personal del Sistema Nacional de Salud (CIP-SNS):

a) Puede repetirse en casos excepcionales.
b) Se asigna de forma única y es irrepetible a lo largo de la vida.
c) Solo es válido en la comunidad autónoma emisora.
d) Tiene validez temporal y debe renovarse cada 10 años.

8. La base de datos de población protegida del Sistema Nacional de Salud es mantenida por:

a) El Instituto Nacional de la Seguridad Social (INSS).
b) El Ministerio de Hacienda.
c) Las Administraciones sanitarias emisoras de la tarjeta.
d) El Consejo Interterritorial de Salud.

9. La Tarjeta Sanitaria Europea (TSE) es válida durante:

a) Seis meses.
b) Un año.
c) Dos años.
d) Cinco años.

10. El Certificado Provisional Sustitutorio (CPS) de la TSE se emite principalmente:

a) Cuando el desplazamiento sea inminente y no se pueda obtener la TSE.
b) Para viajes turísticos de más de un mes.
c) Cuando se viaja fuera de la Unión Europea.
d) Como documento de residencia.

11. El Certificado Provisional Sustitutorio (CPS) se expide con una validez máxima de:

a) 30 días.
b) 60 días.
c) 90 días.
d) 180 días.

12. Uno de los postulados esenciales de la Ley General de Sanidad es:

a) El principio de especialización.
b) El principio de universalidad.
c) El principio de subsidiariedad.
d) El principio de discrecionalidad.

13. La Ley 41/2002 regula de manera especial:

a) El derecho a la autonomía del paciente.
b) El derecho a la libre competencia en farmacia.
c) El derecho a recibir medicamentos gratuitos.
d) El derecho a la confidencialidad solo de los menores.

14. Según la Ley General de Sanidad, todo paciente tiene derecho a:

a) Que su médico sea anónimo.
b) Conocer el nombre de su médico asignado.
c) No recibir información sobre su tratamiento.
d) Rechazar todo tratamiento obligatorio sin trámite alguno.

15. Los usuarios del sistema sanitario público tienen derecho a:

a) Presentar sugerencias y recibir respuesta por escrito.
b) Reclamar exclusivamente por vía judicial.
c) Reclamar solo si se trata de urgencias.
d) Guardar silencio sin posibilidad de quejas.

16. Entre las prestaciones sanitarias del Sistema Nacional de Salud se incluyen:

a) Atención primaria, especializada, farmacéutica, complementaria y servicios de información.
b) Solo atención primaria y hospitalaria.
c) Únicamente urgencias hospitalarias.
d) Solamente atención farmacéutica.

17. Según el artículo 11 de la Ley General de Sanidad, los ciudadanos están obligados a:

a) Financiar directamente las prestaciones farmacéuticas.
b) Cumplir las prescripciones sanitarias generales y específicas.
c) Acudir diariamente al centro de salud.
d) Someterse obligatoriamente a ensayos clínicos.

18. Los usuarios sin derecho a asistencia sanitaria podrán acceder a los servicios como:

a) Pacientes privados.
b) Beneficiarios temporales.
c) Usuarios externos sin coste alguno.
d) Ciudadanos con derecho automático.

19. La tarjeta sanitaria individual fue regulada inicialmente por:

a) La Ley 14/1986, de 25 de abril.
b) La Ley 16/2003, de 28 de mayo.
c) La Ley 41/2002, de 14 de noviembre.
d) El Real Decreto 1112/2018, de 7 de septiembre.

20. El Real Decreto 922/2024 modifica:

a) El Real Decreto 183/2004.
b) El Real Decreto 463/2020.
c) El Real Decreto 1112/2018.
d) El Real Decreto 29/1984.

En MADTEST tienes **más preguntas de este tema**, y todos tus avances quedan registrados y se reflejan en el ranking.

¡Supera tus límites con MADTEST!

Solución al test n.º 4

1. b) Exclusivamente sanitario, para acceder a la asistencia sanitaria.

2. b) La tarjeta sanitaria individual.

3. c) Soporte físico y/o virtual.

4. b) La fecha de caducidad de la tarjeta para ciertos colectivos.

5. b) Código de identificación personal asignado por la administración sanitaria.

6. c) ISO 7810.

7. b) Se asigna de forma única y es irrepetible a lo largo de la vida.

8. c) Las Administraciones sanitarias emisoras de la tarjeta.

9. c) Dos años.

10. a) Cuando el desplazamiento sea inminente y no se pueda obtener la TSE.

11. c) 90 días.

12. b) El principio de universalidad.

13. a) El derecho a la autonomía del paciente.

14. b) Conocer el nombre de su médico asignado.

15. a) Presentar sugerencias y recibir respuesta por escrito.

16. a) Atención primaria, especializada, farmacéutica, complementaria y servicios de información.

17. b) Cumplir las prescripciones sanitarias generales y específicas.

18. a) Pacientes privados.

19. b) La Ley 16/2003, de 28 de mayo.

20. a) El Real Decreto 183/2004.

TEST N.º 5

La Ley 41/2002, de 14 de noviembre, básica reguladora de la autonomía del paciente y de derechos y deberes en materia de información y documentación clínica: principios generales, el derecho de información sanitaria, el derecho a la intimidad y el respeto de la autonomía del paciente

1. ¿Qué carácter tiene la Ley 41/2002, de 14 de noviembre?

a) Es una norma autonómica.
b) Es una normativa básica.
c) Es un reglamento interno.
d) Es una instrucción administrativa.

2. ¿Cuántos capítulos contiene la Ley 41/2002?

a) Cinco capítulos.
b) Ocho capítulos.
c) Seis capítulos.
d) Cuatro capítulos.

3. ¿Cómo define la Ley 41/2002 el consentimiento informado?

a) Una obligación impuesta por el médico.
b) Una conformidad libre, voluntaria y consciente del paciente tras recibir información adecuada.
c) Un trámite burocrático previo al ingreso hospitalario.
d) Una firma obligatoria sin excepciones.

4. ¿Qué es la historia clínica según la Ley 41/2002?

a) El informe de alta médica de un paciente.
b) Un resumen anual de los diagnósticos en un hospital.

c) El conjunto de documentos con datos e informaciones sobre la evolución clínica de un paciente.

d) Una ficha administrativa del centro sanitario.

5. ¿Quién es considerado "usuario" en la Ley 41/2002?

a) El profesional que atiende al paciente.

b) La persona que utiliza los servicios sanitarios de prevención, educación y promoción de la salud.

c) El representante legal del paciente.

d) El gestor administrativo de un centro sanitario.

6. Según la Ley 41/2002, ¿qué principio básico debe orientar la actividad de custodia de documentación clínica?

a) La eficiencia económica.

b) La dignidad de la persona y respeto a su intimidad.

c) La rapidez en el archivo.

d) La obligación de los centros privados únicamente.

7. ¿Qué derecho tiene todo paciente en relación a la información sanitaria?

a) Derecho a conocer toda la información sobre su salud, salvo excepciones legales.

b) Derecho exclusivo a recibir informes escritos.

c) Derecho únicamente a recibir información oral.

d) Derecho a información solo en caso de hospitalización.

8. ¿Qué derecho reconoce la Ley 41/2002 en materia de información epidemiológica?

a) Derecho a ocultar los problemas sanitarios de la colectividad.

b) Derecho a que la información epidemiológica sea comprensible y adecuada.

c) Derecho exclusivo de los profesionales sanitarios.

d) Derecho a no recibir ninguna información de carácter colectivo.

9. ¿Qué condición establece la Ley respecto a la gratuidad de los certificados médicos?

a) Siempre deben ser gratuitos.

b) Nunca deben ser gratuitos.

c) Solo serán gratuitos cuando lo disponga una norma legal o reglamentaria.

d) Serán gratuitos únicamente para pacientes hospitalizados.

10. ¿Quién es el titular principal del derecho a la información asistencial?

a) El médico responsable.
b) El paciente.
c) El representante legal siempre.
d) El centro sanitario.

En MADTEST tienes **más preguntas de este tema**, y todos tus avances quedan registrados y se reflejan en el ranking.

¡Supera tus límites con MADTEST!

Solución al test n.º 5

1. b) Es una normativa básica.

2. c) Seis capítulos.

3. b) Una conformidad libre, voluntaria y consciente del paciente tras recibir información adecuada.

4. c) El conjunto de documentos con datos e informaciones sobre la evolución clínica de un paciente.

5. b) La persona que utiliza los servicios sanitarios de prevención, educación y promoción de la salud.

6. b) La dignidad de la persona y respeto a su intimidad.

7. a) Derecho a conocer toda la información sobre su salud, salvo excepciones legales.

8. b) Derecho a que la información epidemiológica sea comprensible y adecuada.

9. c) Solo serán gratuitos cuando lo disponga una norma legal o reglamentaria.

10. b) El paciente.

TEST N.º 6

El Texto refundido de la Ley del estatuto básico del empleado público (aprobado por el Real decreto legislativo 5/2015, de 30 de octubre): derechos y deberes de los empleados públicos

1. ¿Qué ley aprobó inicialmente el Estatuto Básico del Empleado Público?

a) Ley 20/2014, de 29 de octubre.
h) Ley 7/2007, de 12 de abril.
c) Ley 3/2018, de 5 de diciembre.
d) Ley Orgánica 11/1985, de 2 de agosto.

2. ¿Qué norma derogó expresamente la Ley 7/2007 del EBEP?

a) Real Decreto Legislativo 5/2015.
b) Ley 30/1984.
c) Real Decreto 315/1964.
d) Ley 2/2012, de 29 de junio.

3. ¿Cuántos artículos contiene el Texto Refundido de la Ley del EBEP?

a) 54.
b) 68.
c) 100.
d) 120.

4. ¿En qué título se regulan las situaciones administrativas de los empleados públicos?

a) Título IV.
b) Título VI.
c) Título II.
d) Título VIII.

5. ¿Qué derecho asegura que un funcionario de carrera no pierda su condición salvo sanción muy grave?

a) Derecho a la jubilación.
b) Derecho a la inamovilidad.
c) Derecho a la libertad sindical.
d) Derecho a la promoción interna.

6. ¿A qué personal NO se aplica el derecho a la inamovilidad en la condición de funcionario?

a) Funcionarios de carrera.
b) Funcionarios interinos.
c) Funcionarios de carrera en prácticas.
d) Funcionarios con plaza fija.

7. ¿Qué derecho incluye la desconexión digital de los empleados públicos?

a) Derecho a la conciliación familiar.
b) Derecho a la intimidad en el uso de dispositivos digitales.
c) Derecho a la libre asociación profesional.
d) Derecho a recibir retribuciones.

8. ¿Qué artículo del TR-LEBEP reconoce los derechos colectivos?

a) Artículo 22.
b) Artículo 55.
c) Artículo 15.
d) Artículo 32.

9. ¿Qué concepto define el artículo 16.1 del TR-LEBEP?

a) Carrera profesional.
b) Régimen disciplinario.
c) Situaciones administrativas.
d) Provisión de puestos.

10. ¿Qué principios inspiran la carrera profesional?

a) Igualdad, mérito y capacidad.
b) Imparcialidad y objetividad.
c) Transparencia y publicidad.
d) Libertad sindical.

11. La carrera horizontal consiste en:

a) Cambiar de puesto de trabajo por ascenso.
b) Progresión sin cambiar de puesto.
c) Acceso a otro subgrupo superior.
d) Movilidad geográfica.

12. ¿Cómo se inicia la carrera profesional de los funcionarios de carrera?

a) Con la asignación de la plaza inicial tras superar el proceso selectivo.
b) Con la promoción interna.
c) Con la libre designación.
d) Con el ascenso automático al grado superior.

13. ¿Qué se debe valorar en la carrera horizontal según el TR-LEBEP?

a) La asistencia puntual.
b) La trayectoria y actuación profesional.
c) Solo la antigüedad.
d) El número de bajas médicas.

14. Según el artículo 54, ¿qué comportamiento deben observar respecto a regalos o favores?

a) Aceptarlos siempre que no superen 50 euros.
b) Rechazarlos si van más allá de la cortesía.
c) Aceptarlos como reconocimiento.
d) Declararlos y conservarlos.

15. ¿Qué principio debe regir los procesos de promoción interna?

a) Subjetividad técnica.
b) Igualdad, mérito y capacidad.
c) Exclusividad de méritos personales.
d) Antigüedad automática.

16. ¿Qué antigüedad mínima se exige para la promoción interna?

a) 1 año.
b) 2 años.
c) 3 años.
d) 5 años.

17. ¿Qué finalidad tiene la evaluación del desempeño?

a) Reducir costes de personal.
b) Mejorar productividad y calidad del servicio.

c) Seleccionar personal eventual.
d) Asignar vacaciones.

18. ¿Qué principio NO se incluye en la evaluación del desempeño?

a) Transparencia.
b) Objetividad.
c) No discriminación.
d) Exclusividad sindical.

19. ¿Qué retribuciones básicas se incluyen según el TR-LEBEP?

a) Sueldo y trienios.
b) Gratificaciones y dietas.
c) Complementos específicos.
d) Productividad.

20. ¿Cuántas pagas extraordinarias corresponden a los funcionarios?

a) Una anual.
b) Dos anuales.
c) Tres anuales.
d) Cuatro anuales.

En MADTEST tienes **más preguntas de este tema**, y todos tus avances quedan registrados y se reflejan en el ranking.

¡Supera tus límites con MADTEST!

Solución al test n.º 6

1. b) Ley 7/2007, de 12 de abril.

2. a) Real Decreto Legislativo 5/2015.

3. c) 100.

4. b) Título VI.

5. b) Derecho a la inamovilidad.

6. b) Funcionarios interinos.

7. b) Derecho a la intimidad en el uso de dispositivos digitales.

8. c) Artículo 15.

9. a) Carrera profesional.

10. a) Igualdad, mérito y capacidad.

11. b) Progresión sin cambiar de puesto.

12. a) Con la asignación de la plaza inicial tras superar el proceso selectivo.

13. b) La trayectoria y actuación profesional.

14. b) Rechazarlos si van más allá de la cortesía.

15. b) Igualdad, mérito y capacidad.

16. b) 2 años.

17. b) Mejorar productividad y calidad del servicio.

18. d) Exclusividad sindical.

19. a) Sueldo y trienios.

20. b) Dos anuales.

TEST N.º 7

**La Ley 55/2003, de 16 de noviembre,
del estatuto marco del personal estatutario:
clasificación del personal estatutario; derechos y deberes;
adquisición y pérdida de la condición de personal estatutario;
provisión de plazas y selección; promoción interna;
movilidad del personal; retribuciones; jornada de trabajo;
permisos y licencias; situaciones del personal estatutario**

1. **Según establece el art. 8 de la Ley 55/2003, de 16 de diciembre, del Estatuto Marco de los Servicios de Salud, es personal estatutario fijo:**

a) El que una vez superado el correspondiente proceso selectivo, obtiene un nombramiento para el desempeño, con carácter permanente, de las funciones que de tal nombramiento se deriven.

b) Todo el personal al servicio de los Servicios de Salud.

c) El personal que realice una prestación de servicios determinados de naturaleza temporal, coyuntural o extraordinaria.

d) El personal en posesión de un contrato laboral indefinido.

2. **Conforme al artículo 9.1 del Estatuto Marco (en redacción dada por el Real Decreto-ley 12/2022, de 5 de julio, por el que se modifica la Ley 55/2003, de 16 de diciembre, del Estatuto Marco del personal estatutario de los servicios de salud) los nombramientos del Personal Estatutario Temporal de los Servicios de Salud serán:**

a) Únicamente de Personal Estatutario Sanitario.

b) Personal Estatutario Contratado.

c) De interinidad.

d) Como Personal Laboral.

3. En el supuesto de existencia de plaza vacante, son estatutarios interinos los que, por razones expresamente justificadas de necesidad y urgencia, son nombrados como tales con carácter temporal para el desempeño de funciones propias de estatutarios, cuando no sea posible su cobertura por personal estatutario fijo, durante un plazo máximo de:

a) Dos años.
b) Tres años.
c) Cuatros años.
d) Seis años.

4. Podrá concurrir a las pruebas selectivas, por el sistema de promoción interna, el personal estatutario fijo que se encuentre en servicio activo y con nombramiento como personal estatutario fijo, en la categoría de procedencia, durante al menos:

a) 2 años.
b) 3 años.
c) 4 años.
d) 5 años.

5. Quienes no acrediten, una vez superado el proceso selectivo, que reúnen los requisitos y condiciones exigidos en la convocatoria:

a) No podrán ser nombrados hasta que subsanen el defecto.
b) No podrán ser nombrados, y quedarán sin efecto sus actuaciones.
c) Podrán ser nombrados de forma condicional.
d) Una vez superado el proceso selectivo, se entiende que reúne los requisitos exigidos, salvo prueba en contrario.

6. Según el Estatuto Marco, la selección de personal estatutario fijo se efectuará con carácter general a través del sistema de:

a) Oposición.
b) Concurso-oposición.
c) Concurso.
d) Pruebas selectivas.

7. El personal estatutario de los servicios de salud tiene el deber de:

a) Participar en la elaboración de los convenios colectivos.
b) Realizar sus funciones fuera del horario y jornada habitual.
c) Realizar actividades sindicales.
d) Respetar la Constitución, el Estatuto de Autonomía correspondiente y el resto del ordenamiento jurídico.

8. Según el Estatuto Marco, siempre que la duración de la jornada exceda de seis horas continuadas, deberá establecerse un periodo de descanso durante la misma de al menos:

a) 10 minutos.
b) 15 minutos.
c) 20 minutos.
d) 30 minutos.

9. Es una retribución básica del personal estatutario:

a) El complemento de destino.
b) El complemento de carrera.
c) Las pagas extraordinarias.
d) El complemento de productividad.

10. La especial dificultad técnica, dedicación, responsabilidad, incompatibilidad, peligrosidad o penosidad de algunos puestos de trabajo del Personal Estatutario, se retribuye a través del:

a) Complemento de destino.
b) Complemento de atención continuada.
c) Complemento específico.
d) Complemento de productividad.

11. Para poder obtener la excedencia voluntaria por interés particular es necesario haber prestado servicios efectivos en cualquiera de las Administraciones Públicas durante:

a) Los cinco años inmediatamente anteriores.
b) Los cuatro años inmediatamente anteriores.
c) El año inmediatamente anterior.
d) No se exige periodo mínimo de prestación efectiva de servicios.

12. Las Comunidades Autónomas, en el ámbito de sus competencias, determinarán la limitación máxima de la jornada a tiempo parcial respecto a la jornada completa, con el límite máximo del:

a) El 80 % de la jornada ordinaria, en cómputo anual, o del que proporcionalmente corresponda si se trata de nombramiento temporal de menor duración.
b) El 75 % de la jornada ordinaria, en cómputo anual, o del que proporcionalmente corresponda si se trata de nombramiento temporal de menor duración.
c) El 70 % de la jornada ordinaria, en cómputo anual, o del que proporcionalmente corresponda si se trata de nombramiento temporal de menor duración.
d) El 50 % de la jornada ordinaria, en cómputo anual, o del que proporcionalmente corresponda si se trata de nombramiento temporal de menor duración.

13. El Estatuto Marco del personal estatutario considera a este personal como titular de una relación:

a) Funcionarial común.
b) Laboral común.
c) Estatutaria de la Seguridad Social.
d) Funcionarial especial.

14. Cuando de un procedimiento de movilidad se derive cambio del servicio de salud de destino, el Estatuto Marco establece un plazo posesorio de:

a) Un mes.
b) Treinta días.
c) Quince días.
d) Diez días.

15. Según el Estatuto Marco del personal estatutario, la situación de excedencia voluntaria por interés particular obliga a un periodo mínimo de permanencia en ella de:

a) Un año.
b) Dos años.
c) Doce meses.
d) No establece periodo mínimo.

En MADTEST tienes **más preguntas de este tema**, y todos tus avances quedan registrados y se reflejan en el ranking.

¡Supera tus límites con MADTEST!

Solución al test n.º 7

1. a) El que, una vez superado el correspondiente proceso selectivo, obtiene un nombramiento para el desempeño, con carácter permanente, de las funcionales que de tal nombramiento se deriven.

2. c) De interinidad.

3. b) Tres años

4. a) 2 años.

5. b) No podrán ser nombrados, y quedarán sin efecto sus actuaciones.

6. b) Concurso-oposición.

7. d) Respetar la Constitución, el Estatuto de Autonomía correspondiente y el resto del ordenamiento jurídico.

8. b) 15 minutos.

9. c) Las pagas extraordinarias.

10. c) Complemento específico.

11. a) Los cinco años inmediatamente anteriores.

12. b) El 75 % de la jornada ordinaria, en cómputo anual, o del que proporcionalmente corresponda si se trata de nombramiento temporal de menor duración.

13. d) Funcionarial especial.

14. a) Un mes.

15. b) Dos años.

TEST N.º 8

La Ley 11/2016, de 28 de julio, de igualdad de mujeres y hombres: objeto, ámbito de aplicación y principios generales; medidas para promover la igualdad y áreas de intervención en el ámbito de la salud. La Ley orgánica 1/2004, de 28 de diciembre, de medidas de protección integral contra la violencia de género: ámbito de aplicación; tutela institucional; derechos de las mujeres víctimas de violencia de género

1. ¿Qué carácter otorga la Ley 5/2000, del Instituto Balear de la Mujer, al derecho fundamental a la igualdad?

a) Únicamente subjetivo.
b) Exclusivamente político.
c) Subjetivo y también objetivo, como componente estructural del ordenamiento jurídico.
d) Un derecho privado entre particulares.

2. ¿Cuál es la finalidad de la Ley 11/2016, de 28 de julio?

a) Hacer efectivo el derecho a la igualdad real y efectiva de mujeres y hombres.
b) Limitar la discriminación únicamente en el trabajo.
c) Regular el derecho a la nacionalidad de las mujeres extranjeras.
d) Garantizar la igualdad en el deporte exclusivamente.

3. ¿Qué establece la Ley 11/2016 en relación con el lenguaje?

a) El fomento del lenguaje técnico y especializado.
b) La obligación de usar lenguaje exclusivamente neutro.
c) La adopción de medidas para un uso no sexista del lenguaje y evitar la invisibilidad de las mujeres.
d) La eliminación de términos femeninos en documentos oficiales.

4. Según la Ley 11/2016, ¿qué principio se enmarca dentro de las actuaciones de los poderes públicos de las Illes Balears?

a) La garantía de acceso preferente de las mujeres a cargos públicos.

b) La adopción de medidas necesarias para erradicar la violencia machista y todas sus formas.

c) El reconocimiento del derecho de los hombres a la corresponsabilidad familiar como derecho subjetivo.

d) La prioridad de la igualdad formal sobre la igualdad real.

5. ¿Cuál de las siguientes afirmaciones sobre el ámbito de aplicación de la Ley 11/2016 es correcta?

a) Se aplica exclusivamente a la Administración autonómica y a los consejos insulares.

b) Incluye a la Universidad de las Illes Balears como parte de las administraciones públicas.

c) No alcanza a las personas jurídicas privadas.

d) Solo se aplica al ámbito sanitario.

6. Respecto al uso del lenguaje, la Ley 11/2016 dispone que:

a) Se debe promover el uso de un lenguaje técnico neutral.

b) Es obligatorio un uso no sexista del lenguaje, evitando la invisibilidad de las mujeres.

c) Solo debe garantizarse en textos legales, no en materiales divulgativos.

d) Cada organismo público decidirá discrecionalmente si lo aplica.

7. En materia de salud, la Ley 11/2016 establece que los diagnósticos y tratamientos deberán:

a) Considerar únicamente factores biológicos.

b) Incluir el principio de igualdad y las diferencias de sexo y género.

c) Excluir la variable de género para garantizar objetividad científica.

d) Aplicarse de forma idéntica a mujeres y hombres sin matices.

8. ¿Qué principio rige la composición de los órganos de representación y decisión según la Ley 11/2016?

a) Mayoría femenina en todos los órganos.

b) Rotación obligatoria entre sexos en cargos de alta dirección.

c) Limitación del acceso de hombres a los órganos de representación.

d) Equilibrio entre mujeres y hombres, de acuerdo con la Ley electoral autonómica.

9. ¿Cuál de los siguientes enunciados refleja mejor el principio de empoderamiento recogido en la Ley 11/2016?

a) La integración de las mujeres en todas las políticas públicas para lograr la igualdad.

b) La promoción de la participación masculina en la economía del cuidado.

c) La sustitución de políticas universales por programas exclusivos para mujeres.

d) El fortalecimiento del derecho formal a la igualdad sin medidas prácticas.

10. ¿Qué principio regula la Ley 11/2016 en relación con el sector primario?

a) La exclusión de mujeres en este sector por razones tradicionales.

b) La promoción del acceso a recursos y participación en igualdad de condiciones de las mujeres.

c) La limitación del trabajo femenino al ámbito agrícola.

d) La creación de cooperativas exclusivamente femeninas.

11. En materia de imagen de las mujeres y hombres, la Ley 11/2016 exige:

a) Una representación diferenciada según roles tradicionales.

b) Una imagen fundamentada en la igualdad en todos los ámbitos públicos y privados.

c) Campañas públicas exclusivas para visibilizar el papel de las mujeres.

d) Evitar la representación conjunta de mujeres y hombres en medios públicos.

12. A efectos de la Ley 11/2016, cómo se denomina al asesinato de mujeres por el hecho de ser mujeres, al margen de que exista o haya existido relación de pareja:

a) Violencia física.

b) Violencia sexual.

c) Violencia simbólica.

d) Feminicidio.

13. La aplicación de la Ley Orgánica 1/2004, de 28 de diciembre:

a) No supone la existencia necesariamente de convivencia entre la víctima y el agresor.

b) Supone que en algún momento anterior haya existido convivencia entre la víctima y el agresor.

c) Supone la convivencia, al menos en el momento del hecho, entre la víctima y el agresor.

d) Supone siempre la inexistencia de convivencia entre la víctima y el agresor.

14. Las medidas de protección integral de la Ley Orgánica 1/2004, de 28 de diciembre:

a) No tienen finalidad sancionadora.

b) Su finalidad es esencialmente reparadora.

c) Tienen finalidad previsora y sancionadora.

d) Tienen finalidad prioritariamente sancionadora.

15. La violencia de género a que se refiere la Ley Orgánica 1/2004, de 28 de diciembre:

a) Comprende excepcionalmente la violencia psicológica.

b) Comprende la violencia psicológica siempre que vaya unida a la violencia física.

c) Excluye la violencia psicológica.

d) Incluye la violencia psicológica por sí.

16. La LO 1/2004 tiene por objeto:

a) Actuar contra la violencia que, como manifestación de la discriminación, la situación de desigualdad y las relaciones de poder de los hombres sobre las mujeres, se ejerce sobre éstas por parte de quienes sean o hayan sido sus cónyuges o de quienes estén o hayan estado ligados a ellas por relaciones similares de afectividad, aun sin convivencia.

b) Actuar contra la violencia que, como manifestación de la discriminación, la situación de desigualdad y las relaciones de poder de los hombres sobre las mujeres, se ejerce sobre éstas por parte de quienes sean o hayan sido sus cónyuges o de quienes estén o hayan estado ligados a ellas por relaciones similares de afectividad, siempre que exista convivencia.

c) Actuar contra la violencia que, como manifestación de la discriminación, la situación de desigualdad y las relaciones de poder de los hombres sobre las mujeres, se ejerce sobre éstas por parte de quienes sean sus cónyuges o de quienes estén ligados a ellas por relaciones similares de afectividad, siempre que exista convivencia.

d) Actuar contra la violencia que, como manifestación de la discriminación, la situación de desigualdad y las relaciones de poder de los hombres sobre las mujeres, se ejerce sobre éstas por parte de quienes sean sus cónyuges o de quienes estén ligados a ellas por relaciones similares de afectividad, aun sin convivencia.

17. Conforme al artículo 2 de la LO 1/2004, un principio rector de esta ley es consagrar los derechos de las mujeres víctimas de violencia de género exigibles ante las Administraciones Públicas, y así asegurar un acceso a los servicios establecidos al efecto, rápido, transparente y:

a) Eficaz.

b) Duradero.

c) Seguro.

d) Económico.

18. Según el artículo 2 de la LO 1/2004, uno de los fines a alcanzar a través del conjunto integral de medidas articulado en esta ley es, garantizar derechos económicos para las mujeres víctimas de violencia de género:

a) Así como establecer un sistema para la más eficaz coordinación de los servicios ya existentes a nivel municipal y autonómico.

b) Para asegurar la prevención de los hechos de violencia de género.

c) Con el fin de facilitar su integración social.

d) Promoviendo la colaboración y participación de las entidades, asociaciones y organizaciones que desde la sociedad civil actúan contra la violencia de género.

19. La Ley Orgánica 1/2004, de 28 de diciembre tiene como objetivo establecer un sistema integral de tutela institucional:

a) Por parte de la Administración Estatal y de las Administraciones de las Comunidades Autónomas que tengan competencia sobre la materia, así como de las Entidades Locales.
b) Por parte de las Cortes y de las Asambleas Legislativas de las Comunidades Autónomas.
c) Por parte de la Administración General del Estado.
d) Por parte de la Administración Estatal y de las Administraciones de las Comunidades Autónomas.

20. A las trabajadoras por cuenta propia víctimas de violencia de género que cesen en su actividad para hacer efectiva su protección o su derecho a la asistencia social integral, se les suspenderá la obligación de cotización durante un período que les será considerado como de cotización efectiva a efectos de las prestaciones de Seguridad Social, de:

a) 6 meses.
b) 9 meses.
c) 1 año.
d) 18 meses.

En MADTEST tienes **más preguntas de este tema**, y todos tus avances quedan registrados y se reflejan en el ranking.

¡Supera tus límites con MADTEST!

Solución al test n.º 8

1. c) Subjetivo y también objetivo, como componente estructural del ordenamiento jurídico.

2. a) Hacer efectivo el derecho a la igualdad real y efectiva de mujeres y hombres.

3. c) La adopción de medidas para un uso no sexista del lenguaje y evitar la invisibilidad de las mujeres.

4. b) La adopción de medidas necesarias para erradicar la violencia machista y todas sus formas.

5. b) Incluye a la Universidad de las Illes Balears como parte de las administraciones públicas.

6. b) Es obligatorio un uso no sexista del lenguaje, evitando la invisibilidad de las mujeres.

7. b) Incluir el principio de igualdad y las diferencias de sexo y género.

8. d) Equilibrio entre mujeres y hombres, de acuerdo con la Ley electoral autonómica.

9. a) La integración de las mujeres en todas las políticas públicas para lograr la igualdad.

10. b) La promoción del acceso a recursos y participación en igualdad de condiciones de las mujeres.

11. b) Una imagen fundamentada en la igualdad en todos los ámbitos públicos y privados.

12. d) Feminicidio.

13. a) No supone la existencia necesariamente de convivencia entre la víctima y el agresor.

14. c) Tienen finalidad previsora y sancionadora.

15. d) Incluye la violencia psicológica por sí.

16. a) Actuar contra la violencia que, como manifestación de la discriminación, la situación de desigualdad y las relaciones de poder de los hombres sobre las mujeres, se ejerce sobre éstas por parte de quienes sean o hayan sido sus cónyuges o de quienes estén o hayan estado ligados a ellas por relaciones similares de afectividad, aun sin convivencia.

17. a) Eficaz.

18. c) Con el fin de facilitar su integración social.

19. c) Por parte de la Administración General del Estado.

20. a) 6 meses.

TEST N.º 9

La Ley 31/1995, de 8 de noviembre, de prevención de riesgos laborales: conceptos básicos; derechos y obligaciones en materia de seguridad en el trabajo; organización de la prevención de riesgos en el ámbito sanitario

1. Los representantes de los trabajadores con competencia en materia de prevención de riesgos laborales son:

a) Los miembros de la Junta de personal, Junta Facultativo y Junta de Enfermería.
b) Los técnicos de prevención de riesgos laborales.
c) El Servicio de Medicina Preventiva.
d) Los delegados de prevención.

2. ¿Qué se entiende por "riesgo laboral"?

a) La posibilidad de que un trabajador sufra un determinado daño derivado del trabajo.
b) La posibilidad de que un trabajador sufra una enfermedad en el trabajo.
c) La posibilidad de que un trabajador sufra acoso.
d) El riesgo que supone el ir a trabajar.

3. ¿Quién debe garantizar a los trabajadores la vigilancia periódica de su estado de salud en función de los riesgos inherentes al trabajo?

a) La Inspección de Trabajo.
b) El propio trabajador.
c) El empresario.
d) Las secciones sindicales.

4. El derecho básico reconocido a los trabajadores por la Ley 31/1995, de 8 de noviembre, es:

a) La vigilancia de su estado de salud.
b) Una protección eficaz en materia de seguridad y salud en el trabajo.
c) La formación en materia preventiva.
d) La información, consulta y participación.

5. Indicar cuál es la definición de prevención:

a) La probabilidad racional de que un riesgo se materialice de forma inminente.

b) El estudio de los procesos potencialmente peligrosos para el trabajo.

c) Conjunto de actividades o medidas adoptadas o previstas en todas las fases de actividad de la empresa con el fin de evitar o disminuir los riesgos derivados del trabajo.

d) Posibilidad de que un trabajador sufra un determinado daño derivado del trabajo.

6. Señala la respuesta incorrecta:

a) La Ley de Prevención de Riesgos Laborales se aplica a los operativos de Seguridad civil en casos de catástrofe.

b) La Ley de Prevención de Riesgos Laborales se aplica a las sociedades cooperativas.

c) En el ámbito de la relación laboral de carácter especial del servicio del hogar familiar, las personas trabajadoras tienen derecho a una protección eficaz en materia de seguridad y salud en el trabajo.

d) En los establecimientos penitenciarios, se adaptarán a la Ley de Prevención de Riesgos Laborales aquellas actividades cuyas características justifiquen una regulación especial.

7. ¿Cuál es la vigente Ley de Prevención de Riesgos Laborales?

a) Ley 32/1995, de 8 de noviembre.

b) Ley 30/1996, de 8 de noviembre.

c) Ley 31/1995, de 6 de noviembre.

d) Ley 31/1995, de 8 de noviembre.

8. Entre los principios de la acción preventiva recogidos por el artículo 15 de la Ley de Prevención de Riesgos Laborales, no figura:

a) Evitar los riesgos.

b) Evaluar los riesgos que se puedan evitar.

c) Tener en cuenta la evolución de la técnica.

d) Dar las debidas instrucciones a los trabajadores.

9. ¿Cuántos delegados de prevención se deberán elegir en empresas entre 3001 y 4000 trabajadores?

a) 5.

b) 6.

c) 7.

d) 8.

10. En las empresas de hasta 30 trabajadores el Delegado de Prevención será:

a) El propio empresario.

b) El trabajador más antiguo.

c) El trabajador de mayor cualificación.
d) El delegado de personal.

11. Según la Ley de Prevención de Riesgos Laborales, se constituirá un Comité de Seguridad y Salud en todas las empresas o centros de trabajo que cuenten con:

a) 30 o más trabajadores.
b) 50 o más trabajadores.
c) 75 o más trabajadores.
d) 100 o más trabajadores.

12. Entre las obligaciones de los trabajadores recogidas por la Ley de Prevención de Riesgos Laborales, no figura:

a) Informar directamente al empresario de cualquier situación que entrañe riesgo para la seguridad o salud de los trabajadores.
b) Contribuir al cumplimiento de las obligaciones establecidas por la autoridad competente con el fin de proteger la seguridad y la salud de los trabajadores en el trabajo.
c) Cooperar con el empresario para que este pueda garantizar unas condiciones de trabajo que sean seguras y no entrañen riesgos para la seguridad y la salud de los trabajadores.
d) Utilizar correctamente los medios y equipos de protección facilitados por el empresario, de acuerdo con las instrucciones recibidas de este.

13. La Ley 31/1995, de 8 de noviembre, de Prevención de Riesgos Laborales, ¿se aplica a los empleados de la Administración Pública?

a) Sí, sin distinciones.
b) A los funcionarios sí, al personal laboral no.
c) Al personal laboral sí, a los funcionarios no.
d) No se aplica ni a funcionarios ni a personal laboral.

14. El órgano paritario y colegiado de participación destinado a la consulta regular y periódica de las actuaciones de la empresa en materia de prevención de riesgos, es:

a) El Comité de Empresa.
b) El Consejo de Vigilancia de la Prevención.
c) La Comisión de Evaluación de Riesgos Laborales.
d) El Comité de Seguridad y Salud.

15. ¿Qué capítulo de la Ley 31/1995, de Prevención de Riesgos Laborales se refiere a los derechos y obligaciones?

a) Capítulo 2.
b) Capítulo 3.

c) Capítulo 4.
d) Capítulo 5.

16. La acción preventiva en la empresa:

a) Se planificará por el Comité de Seguridad y Salud a partir de una evaluación inicial de riesgos.
b) Se planificará por los Delegados de Prevención a partir de una evaluación inicial de riesgos.
c) Se planificará por el empresario a partir de una evaluación inicial de riesgos.
d) Se planificará por los Delegados de Personal a partir de una evaluación inicial de riesgos.

17. ¿Cuándo se deben utilizar los equipos de protección individual?

a) Siempre.
b) Cuando los riesgos no hayan sido evaluados.
c) Cuando los riesgos no se puedan evitar o no puedan limitarse.
d) Cuando el trabajador lo estime oportuno.

18. Cuando los trabajadores estén expuestos a un riesgo grave e inminente con ocasión de su trabajo, y el empresario no adopte o no permita la adopción de las medidas necesarias para garantizar la seguridad y la salud de los trabajadores, la Ley 31/1995, de 8 de noviembre, de Prevención de Riesgos Laborales prevé:

a) Los trabajadores afectados podrán paralizar la actividad.
b) El órgano de representación del personal instará formalmente al empresario a la adopción de las medidas necesarias.
c) Los Delegados de Prevención lo comunicarán a la autoridad laboral, que adoptará las medidas necesarias.
d) El órgano de representación de personal podrá acordar la paralización de la actividad.

19. ¿Pueden los trabajadores efectuar propuestas al empresario y a los órganos de participación para mejorar los niveles de protección de la seguridad y salud en la empresa?

a) No.
b) Sí.
c) Según el tamaño de la empresa.
d) Según el número de trabajadores.

20. Según establece el art. 4 de la Ley 31/1995, de 8 de noviembre, de Prevención de Riesgos Laborales, se define como daños derivados del trabajo:

a) La posibilidad de que un trabajador sufra un determinado daño derivado del trabajo.

b) El que resulte probable racionalmente que se materialice en un futuro inmediato y pueda suponer un daño grave para la salud de los trabajadores.

c) Las enfermedades, patologías o lesiones sufridas con motivo u ocasión del trabajo.

d) Cualquier máquina, aparato, instrumento o instalación utilizada en el trabajo.

En MADTEST tienes **más preguntas de este tema**, y todos tus avances quedan registrados y se reflejan en el ranking.

¡Supera tus límites con MADTEST!

Solución al test n.º 9

1. d) Los delegados de prevención.

2. a) La posibilidad de que un trabajador sufra un determinado daño derivado del trabajo.

3. c) El empresario.

4. b) Una protección eficaz en materia de seguridad y salud en el trabajo.

5. c) Conjunto de actividades o medidas adoptadas o previstas en todas las fases de actividad de la empresa con el fin de evitar o disminuir los riesgos derivados del trabajo.

6. a) La Ley de Prevención de Riesgos Laborales se aplica a los operativos de Seguridad civil en casos de catástrofe.

7. d) Ley 31/1995, de 8 de noviembre.

8. b) Evaluar los riesgos que se puedan evitar.

9. c) 7.

10. d) El delegado de personal.

11. b) 50 o más trabajadores.

12. a) Informar directamente al empresario de cualquier situación que entrañe riesgo para la seguridad o salud de los trabajadores.

13. a) Sí, sin distinciones.

14. d) El Comité de Seguridad y Salud.

15. b) Capítulo 3.

16. c) Se planificará por el empresario a partir de una evaluación inicial de riesgos.

17. c) Cuando los riesgos no se puedan evitar o no puedan limitarse.

18. d) El órgano de representación de personal podrá acordar la paralización de la actividad.

19. b) Sí.

20. c) Las enfermedades, patologías o lesiones sufridas con motivo u ocasión del trabajo.

TEST N.º 10

**La Ley orgánica 3/2018, de 5 de diciembre, de protección
de datos personales y garantías de los derechos digitales:
disposiciones generales, principios de protección
de datos y derechos de las personas**

1. El artículo 18.1 de la Constitución Española garantiza el derecho al honor, a la intimidad personal y familiar y a:

a) La protección de datos de carácter personal.
b) La confidencialidad.
c) La propia imagen.
d) El secreto profesional.

2. Los datos personales obtenidos a partir de un tratamiento técnico específico, relativos a las características físicas, fisiológicas o conductuales de una persona física que permitan o confirmen la identificación única de dicha persona, como imágenes faciales o datos dactiloscópicos, se denominan:

a) Datos corporales.
b) Datos naturales.
c) Datos genéticos.
d) Datos biométricos.

3. ¿En virtud de qué principio previsto por el Reglamento General de Protección de Datos, los datos personales serán adecuados, pertinentes y limitados a lo necesario en relación con los fines para los que son tratados?

a) Principio de exactitud.
b) Principio de limitación de la finalidad.
c) Principio de responsabilidad proactiva.
d) Principio de minimización de datos.

4. En relación al consentimiento del interesado al tratamiento de datos de carácter personal, es cierto que:

a) En ningún caso se puede obligar a nadie a facilitar sus datos.

b) El consentimiento ha de ser previo a la información sobre el tratamiento.

c) Si se puede consentir libremente, del mismo modo, se puede retirar el consentimiento.

d) La solicitud del consentimiento deberá ir referida a todos los tratamientos que se puedan dar en un plazo determinado.

5. El derecho a la portabilidad de los datos:

a) Se podrá aplicar a los tratamientos que sean necesario para el cumplimiento de una misión realizada en interés público o en el ejercicio de poderes públicos conferidos al responsable del tratamiento.

b) A diferencia de otros derechos, podrá afectar negativamente a los derechos y libertades de otros.

c) Supone la obligación de que, en todo caso, los datos personales se transmitan directamente de responsable a responsable.

d) Requiere que el tratamiento se efectúe por medios automatizados.

6. Conforme al RGPD, ¿puede facilitarse la información al interesado de forma verbal?

a) No, en ningún caso.

b) Sí, siempre que lo solicite el interesado.

c) Sí, en cualquier caso siempre que se demuestre la identidad del interesado por otros medios.

d) Sí, cuando lo solicite el interesado y se pueda demostrar su identidad por otros medios.

7. Conforme al artículo 17 del RGPD, el derecho de supresión no se podrá aplicar cuando:

a) Los datos personales ya no sean necesarios en relación con los fines para los que fueron recogidos o tratados de otro modo.

b) Los datos personales se hayan obtenido en relación con la oferta de servicios de la sociedad de la información.

c) Los datos personales hayan sido tratados ilícitamente.

d) Los datos personales sean necesarios para ejercer el derecho a la libertad de expresión e información.

8. Conforme al artículo 18 del RGPD, el interesado tendrá derecho a obtener del responsable del tratamiento la limitación del tratamiento de los datos:

a) Cuando los datos personales ya no sean necesarios en relación con los fines para los que fueron recogidos o tratados de otro modo.

b) Para que el interesado pueda ejercer el derecho a la libertad de expresión e información.

c) Cuando el interesado impugne la exactitud de los datos personales, durante un plazo que permita al responsable verificar la exactitud de los mismos.

d) Por razones de interés público en el ámbito de la salud pública.

9. En relación al derecho de portabilidad, es cierto que:

a) El ejercicio de este derecho impide el ejercicio del derecho de supresión.

b) Al ejercer su derecho a la portabilidad de los datos, el interesado tendrá que transmitir los datos directamente al nuevo responsable de los mismos.

c) Se aplicará al tratamiento que sea necesario para el cumplimiento de una misión realizada en interés público o en el ejercicio de poderes públicos conferidos al responsable del tratamiento.

d) No podrá afectar negativamente a los derechos y libertades de otros.

10. Cuando los plazos se señalen por días en el RGPD o en la LO 3/2018, se entiende que estos:

a) Son naturales.

b) Son hábiles, de lunes a sábado; excluyéndose del cómputo los domingos y los declarados festivos.

c) Son naturales; excluyéndose del cómputo los declarados festivos.

d) Son hábiles, excluyéndose del cómputo los sábados, los domingos y los declarados festivos.

11. El RGPD considera "destinatario":

a) A la persona física o jurídica, autoridad pública, servicio u otro organismo al que se comuniquen datos personales, siempre que se trate de un tercero.

b) A la persona física o jurídica, autoridad pública, servicio u otro organismo al que se comuniquen datos personales, se trate o no de un tercero.

c) A la autoridad pública que pueda recibir datos personales en el marco de una investigación concreta de conformidad con el Derecho de la Unión o de los Estados miembros.

d) A la persona física o jurídica, autoridad pública, servicio u organismo distinto del interesado, del responsable del tratamiento, del encargado del tratamiento y de las personas autorizadas para tratar los datos personales bajo la autoridad directa del responsable o del encargado.

12. El RGPD denomina a la autoridad pública independiente establecida por un Estado miembro:

a) Agencia Nacional de Protección de Datos.

b) Representante.

c) Autoridad de control.

d) Autoridad de referencia.

13. ¿Cómo denomina el RGPD el tratamiento de datos personales de manera tal que ya no puedan atribuirse a un interesado sin utilizar información adicional, siempre que dicha información adicional figure por separado y esté sujeta a medidas técnicas y organizativas destinadas a garantizar que los datos personales no se atribuyan a una persona física identificada o identificable?

a) Seudonimización.
b) Anonimización.
c) Generalización.
d) Encriptación.

14. ¿Qué título de la LO 3/2018, de 5 de diciembre, de Protección de Datos Personales y garantía de los derechos digitales, se refiere a los principios de la protección de datos?

a) Título I.
b) Título II.
c) Título III.
d) Título IV.

15. Respecto a la naturaleza de la LO 3/ 2018, de 5 de diciembre, de Protección de Datos Personales y garantía de los derechos digitales:

a) Todo su articulado tiene carácter de ley orgánica.
b) Los títulos I a V tienen carácter de ley orgánica y los títulos restantes, carácter de ley ordinaria.
c) Los títulos I a X tienen carácter de ley orgánica, mientras que las disposiciones adicionales, transitorias, derogatoria y finales tienen carácter de ley ordinaria.
d) Algunos títulos, artículos y disposiciones tienen carácter de ley ordinaria.

16. Lo dispuesto en los Títulos I a IX y en los artículos 89 a 94 de la LO 3/2018 se aplica:

a) Al tratamiento no automatizado de datos personales contenidos o destinados a ser incluidos en un fichero.
b) A los tratamientos excluidos del ámbito del RGPD.
c) A los tratamientos de datos de personas fallecidas.
d) A los tratamientos sometidos a la normativa sobre protección de materias clasificadas.

17. Conforme al artículo 3 de la LO 3/2018, las personas vinculadas al fallecido por razones familiares o de hecho, así como sus herederos:

a) No podrán dirigirse al responsable o encargado del tratamiento para solicitar el acceso a los datos personales de aquella, si no es por vía judicial.
b) Solo podrán dirigirse al encargado del tratamiento, siempre que sea con objeto de rectificar datos manifiestamente falsos.

c) Podrán dirigirse al responsable o encargado del tratamiento siempre que sea con objeto de solicitar la supresión de los datos personales de aquella sin posibilidad de acceder a ellos.

d) Podrán dirigirse al responsable o encargado del tratamiento al objeto de solicitar el acceso a los datos personales de aquella y, en su caso, su rectificación o supresión.

18. Según el artículo 6.2 de la Ley Orgánica 3/2018 de Protección de Datos Personales y garantía de los derechos digitales, cuando se pretenda fundar el tratamiento de los datos en el consentimiento del afectado para una pluralidad de finalidades, será preciso que conste de manera específica e inequívoca que dicho consentimiento se otorga:

a) Por un periodo de tiempo.
b) Irrevocablemente.
c) Para todas ellas.
d) Por interés público.

19. Toda persona cuya identidad pueda determinarse, directa o indirectamente, en particular mediante un identificador, como por ejemplo un nombre, un número de identificación, datos de localización, un identificador en línea o uno o varios elementos propios de la identidad física, fisiológica, genética, psíquica, económica, cultural o social de dicha persona, se considerará persona física:

a) Identificable.
b) Fichada.
c) Legal.
d) Tratable.

20. Los datos personales serán tratados de tal manera que se garantice una seguridad adecuada de los mismos, incluida la protección contra el tratamiento no autorizado o ilícito y contra su pérdida, destrucción o daño accidental, mediante la aplicación de medidas técnicas u organizativas apropiadas; todo ello en virtud del principio de:

a) Responsabilidad proactiva.
b) Integridad y confidencialidad.
c) Limitación de la finalidad.
d) Licitud, lealtad y transparencia.

En MADTEST tienes **más preguntas de este tema**, y todos tus avances quedan registrados y se reflejan en el ranking.

¡Supera tus límites con MADTEST!

Solución al test n.º 10

1. c) La propia imagen.

2. d) Datos biométricos.

3. d) Principio de minimización de datos.

4. c) Si se puede consentir libremente, del mismo modo, se puede retirar el consentimiento.

5. d) Requiere que el tratamiento se efectúe por medios automatizados.

6. d) Sí, cuando lo solicite el interesado y se pueda demostrar su identidad por otros medios.

7. d) Los datos personales sean necesarios para ejercer el derecho a la libertad de expresión e información.

8. c) Cuando el interesado impugne la exactitud de los datos personales, durante un plazo que permita al responsable verificar la exactitud de los mismos.

9. d) No podrá afectar negativamente a los derechos y libertades de otros.

10. d) Son hábiles, excluyéndose del cómputo los sábados, los domingos y los declarados festivos.

11. b) A la persona física o jurídica, autoridad pública, servicio u otro organismo al que se comuniquen datos personales, se trate o no de un tercero.

12. c) Autoridad de control.

13. a) Seudonimización.

14. b) Título II.

15. c) Los títulos I a X tienen carácter de ley orgánica, mientras que las disposiciones adicionales, transitorias, derogatoria y finales tienen carácter de ley ordinaria.

16. a) Al tratamiento no automatizado de datos personales contenidos o destinados a ser incluidos en un fichero.

17. d) Podrán dirigirse al responsable o encargado del tratamiento al objeto de solicitar el acceso a los datos personales de aquella y, en su caso, su rectificación o supresión.

18. c) Para todas ellas.

19. a) Identificable.

20. b) Integridad y confidencialidad.

CONTENIDO ESPECÍFICO

TEST N.º 11

Actividades del técnico medio sanitario en cuidados auxiliares de enfermería en la atención primaria y en la atención hospitalaria. Concepto: cuidados, necesidades básicas y autocuidado

1. Cuando en un sistema de atención a la salud hablamos de Atención Secundaria hacemos referencia:

a) Al nivel más básico y elemental del sistema.
b) A un nivel no básico sino especializado.
c) A un nivel superespecializado del sistema.
d) Ninguna respuesta es correcta.

2. Señale la respuesta incorrecta respecto al concepto de Atención Primaria:

a) Constituye el primer nivel de acceso ordinario de la población al Sistema Sanitario Público, y se caracteriza por prestar atención integral a la salud.
b) En los servicios de Atención Primaria el usuario halla respuesta a sus problemas más habituales de salud y enfermedad, y sólo cuando el diagnóstico y tratamiento lo requieran y ya no pueda ser atendido con los medios de ese primer nivel, será derivado a la Atención Especializada.
c) La Atención Primaria se desarrolla al principio de la década de los sesenta, como una reacción en contra del sistema sanitario básicamente hospitalario y curativo, especializado, costoso, tecnificado, y alejado del individuo.
d) En los servicios de Atención Primaria el usuario halla respuesta a sus problemas más habituales de salud y enfermedad, y sólo cuando el diagnóstico y tratamiento lo requieran y ya no pueda ser atendido con los medios de ese primer nivel, será derivado a la Atención Especializada.

3. ¿Dónde se realizó la Conferencia Internacional sobre Atención Primaria de Salud en la que se definió en su punto VI lo que debe entenderse por Atención Primaria?

a) En Boston.
b) En Berlín.
c) En Kiev.
d) En Alma-Ata.

4. ¿En qué fecha se hizo pública en Alma-Ata, capital de Kazajstán, antigua República Soviética, la Conferencia Internacional sobre Atención Primaria de Salud?

a) El 12 de septiembre de 1978.
b) El 15 de octubre de 1978.
c) El 19 de noviembre de 1978.
d) El 2 de enero de 1980.

5. Una de las características de la Atención Primaria de Salud:

a) Los Ambulatorios y los Consultorios han venido a sustituir a los Centros de Salud.
b) Se han instaurado nuevos horarios y régimen de personal, ya no es necesario una dedicación exclusiva al sistema sanitario público por parte de los profesionales.
c) Surge una nueva sectorización del territorio, desaparecen las Zonas Básicas de Salud.
d) Se crean nuevos profesionales que se incorporan, tales como los Trabajadores Sociales, Odontólogos, Farmacéuticos y Veterinarios y los Técnicos de Salud Pública.

6. Señale cuál de las siguientes no es una de las características de la Atención Primaria de Salud:

a) Se establecen nuevos servicios como la cita previa programada, Historia Clínica familiar e individual, Consultas de Enfermería, Consultas del «niño sano», Servicios de Información al Usuario, etc.
b) Surge una nueva concepción de la asistencia sanitaria, individual y colectiva, en la que no sólo se curan individuos enfermos sino que se promociona la salud y se educan individuos sanos.
c) Desaparecen antiguas áreas asistenciales tales como Salud laboral, Salud Mental, Asistencia social, Enfermos crónicos, etc.
d) Se crea una nueva sectorización del territorio, las Zonas Básicas de Salud.

7. Uno de los objetivos de la Atención Primaria de Salud es:

a) La promoción de la salud, prevención de la enfermedad y asistencia curativa.
b) La educación sanitaria de la población.
c) La planificación, organización y dirección y evaluación de los servicios sanitarios.
d) Todas las respuestas son correctas.

8. Uno de los objetivos de la Atención Primaria de Salud es:

a) La integración de la actividad sanitaria asistencial y la preventiva.
b) La elevación del nivel de calidad del sistema de salud, y del grado de satisfacción de usuarios y profesionales.
c) El diagnóstico continuado de la salud de la Zona.
d) Todas las respuestas son correctas.

9. ¿En qué se diferencia la Atención Especializada de la Atención Primaria?

a) En que la Atención Especializada se presta en régimen ambulatorio y la Atención Primaria no.
b) En que la Atención Especializada se presta en régimen de urgencias y la Atención Primaria no.
c) En que sólo la Atención Especializada ofrece la asistencia en régimen de internamiento.
d) Todas las respuestas son correctas.

10. ¿Cuál es la estructura física fundamental de la Atención Especializada?

a) El Centro de Salud.
b) El Ambulatorio.
c) El Consultorio.
d) El Hospital.

11. Uno de los objetivos de la Atención Especializada es:

a) Prestar asistencia ambulatoria especializada.
b) Posibilitar la hospitalización de los pacientes que lo precisen.
c) Poner sus Centros e Instituciones a disposición de la investigación y docencia en materia de salud.
d) Todas las respuestas son correctas.

12. ¿Cuál de las siguientes no es una ventaja de trabajar con un modelo de enfermería?

a) La valoración se hace sobre la base de los signos y síntomas.
b) La atención prestada es integral.
c) Permite llevar a cabo todo el proceso de atención de enfermería.
d) La valoración se hace sobre la base de respuestas humanas.

13. Se considera matriarca de la enfermería a:

a) Virginia Henderson.
b) Nancy Roper.
c) Dorotea Orem.
d) Florence Nightingale.

14. ¿Cuál de las siguientes autoras pertenece al modelo de relaciones interpersonales?

a) Nancy Roper.
b) Callista Roy.
c) Orlando.
d) Virginia Henderson.

15. ¿A qué modelo de enfermería pertenece Hildegarde Peplau?

a) Modelos de sistemas.
b) Modelos de autocuidados.
c) Modelos interaccionistas.
d) Modelos naturistas.

16. ¿Cuál de las siguientes son necesidades básicas del paciente, según Virginia Henderson?

a) Realizar prácticas religiosas según la fe de cada uno.
b) Eludir los riesgos del entorno y evitar lesionar a otros.
c) Moverse y mantener la posición deseada.
d) Todas son correctas.

17. La meta de Virginia Henderson es:

a) La adaptación del paciente.
b) El máximo grado de crecimiento personal del paciente.
c) Identificar las necesidades del paciente.
d) La independencia del paciente.

18. ¿Qué autora señala tres niveles en la relación enfermera-paciente?

a) Virginia Henderson.
b) Travelbee.
c) Orlando.
d) Hildegarde Peplau.

19. Según Dorotea Orem, la función de enfermería es:

a) Apreciar las necesidades básicas humanas.
b) Facilitar atención para influir de alguna forma sobre el paciente con el fin de que este evolucione y llegue a conseguir un óptimo nivel de autocuidado.
c) Diagnosticar y tratar si la situación lo exige.
d) Ayudar a las personas sanas y enfermas.

20. Según Dorotea Orem, el Sistema en el que enfermera y paciente realizan medidas de asistencia y otras actividades manipulativas o de deambulación, se denomina:

a) Sistema de enfermería educativo.
b) Sistema de enfermería parcialmente compensador.
c) Sistema de enfermería totalmente compensador.
d) Sistema de apoyo.

21. ¿Cuál de los siguientes no es un método de ayuda, según Dorotea Orem?

a) Ordenar.
b) Guiar.
c) Enseñar.
d) Apoyar.

22. ¿A qué autora se le atribuye el modelo de déficit de autocuidados?

a) Tierny.
b) Logan.
c) Virginia Henderson.
d) Dorotea Orem.

23. En el sistema de enfermería parcialmente compensador, es cierto que:

a) Enfermera y paciente realizan medidas de asistencia y otras manipulativas o de deambulación.
b) Las actividades manipulativas y de deambulación las realiza en su totalidad la enfermera.
c) La enfermería orienta a la persona para llevar a cabo las acciones de autocuidado necesarias.
d) Está dirigido a pacientes que son capaces o deben aprender a realizar acciones propias de su autocuidado.

24. ¿Cuál de las siguientes funciones no son competencia del auxiliar de enfermería?

a) Dar de comer al enfermo incapacitado.
b) Administrar medicación por vía parenteral.
c) Realizar movilizaciones pasivas a parapléjicos.
d) Observar e informar sobre la sintomatología de un paciente.

25. El auxiliar de enfermería no puede ejercer en:

a) Consultas externas.
b) Centro de especialidades.
c) Centro de Salud.
d) Puede ejercer en todos.

26. ¿Cuál de las siguientes funciones no son competencia del auxiliar de enfermería?

a) Colocar la cuña al enfermo incapacitado.
b) Ayudar al personal médico en la ejecución de intervenciones quirúrgicas.
c) La limpieza y ordenación del material utilizado en la unidad/servicio.
d) La recepción de los carros de comidas y la distribución de la misma.

27. Para poder conseguir la meta de excelencia, las organizaciones sanitarias deben cumplir una serie de criterios generales, entre los cuales cabe considerar los siguientes excepto uno; señala cuál:

a) Establecimiento de jerarquía, misión y visión.
b) Modo de integración comunitaria.
c) Definición de procesos para permitir la formación y participación del personal en las decisiones que les afectan.
d) Definir la dirección estratégica y las metas una vez conseguida la excelencia.

28. ¿Cuál es el objetivo diana del Contrato Programa?

a) Impulsar cuantas actuaciones sean necesarias para mejorar la coordinación con los Servicios Sociales.
b) La calidad en la prestación asistencial y la eficiencia en la producción de servicios.
c) La coordinación entre los dos niveles de asistencia para la integración documental y administrativa.
d) El uso racional del medicamento, que debe aprobar y difundir recomendaciones y protocolos conjuntos de empleo de fármacos.

29. La franja de edad que requiere más recursos hospitalarios es la comprendida por:

a) Los primeros y los últimos años de la vida.
b) Los adolescentes.
c) La edad adulta.
d) La pubertad.

30. ¿A qué se refieren las teorías de enfermería cuando hablan del hombre como un sistema abierto?

a) A la especial predisposición a padecer infecciones hospitalarias en los enfermos ingresados.
b) A que está en permanente intercambio físico, mental y espiritual con el medio que le rodea.
c) A que el enfermo que ingresa es vehículo de transmisión de infecciones en todas direcciones.
d) A la disponibilidad para recibir tratamiento que se le supone al enfermo que ingresa.

31. En el marco de los cuidados psicosociales, ¿qué profesional es el encargado de hacer fructificar el capital-tiempo de que dispone el paciente?

a) El psicólogo.
b) La asistente social.
c) La enfermera.
d) El médico.

32. ¿Cómo puede ayudar la enfermera al paciente a estructurar su tiempo?

a) Facilitándole los pasatiempos.
b) Favoreciendo las actividades y la comunicación.
c) Facilitándole las salidas y el conocimiento del entorno hospitalario.
d) Las opciones a y b son ciertas.

33. ¿Qué cambios emocionales suelen observarse en el enfermo que es hospitalizado?

a) Estrés.
b) Miedo.
c) Agresividad.
d) Todas son ciertas.

34. Según Kolb, ¿qué efecto produce la enfermedad en la imagen que el individuo tiene de sí mismo?

a) La enfermedad no suele afectar la imagen del cuerpo.
b) La enfermedad distorsiona la imagen del cuerpo.
c) Sólo en casos muy graves la enfermedad puede afectar la imagen propia del enfermo.
d) La enfermedad hace rememorar tiempos en que la imagen corporal era más satisfactoria.

35. ¿Cuál de los siguientes mecanismos de defensa (mecanismos mentales) es frecuente observar en el paciente hospitalizado?

a) Negación.
b) Desintegración.
c) Compensación.
d) Las opciones a y c son ciertas.

36. El mecanismo de defensa empleado por algunos pacientes hospitalizados, por el cual no creen que el diagnóstico que se les corrobora sea cierto se denomina:

a) Regresión.
b) Racionalización.
c) Negación.
d) Compensación.

37. ¿Cómo se denomina el mecanismo de adaptación por el que el sujeto propone motivos socialmente aceptables de su conducta?

a) Proyección.
b) Desplazamiento.
c) Racionalización.
d) Compensación.

38. ¿En qué mecanismo de adaptación los sentimientos agresivos no se dirigen contra la persona u objeto ofensivo, sino a un sustituto?

a) Compensación.
b) Desplazamiento.
c) Negación.
d) Regresión.

39. La forma en la que el paciente habla es orientativa de su estado mental, así aquellos pacientes que presentan una forma característica de lenguaje con una gran verborrea y fuga de ideas, son:

a) Maníacos.
b) Depresivos.
c) Esquizofrénicos.
d) Histéricos.

40. Señale la respuesta incorrecta respecto a los hábitos alimenticios del paciente:

a) El estado de salud mental influye de forma directa sobre la nutrición.

b) En enfermos deprimidos el metabolismo está enlentecido, es por esto que los pacientes no toman una dieta completa, ni tienen hambre.

c) En estados maníacos, los pacientes son hiperactivos y necesitan tomar el suficiente alimento para cubrir sus necesidades, pero sin embargo no encuentran tiempo para comer.

d) En la bulimia el paciente siente repulsión por la comida, por lo que no cubrirá sus necesidades metabólicas y tenderá a perder peso.

41. Se considera que existe retraso mental en cocientes intelectuales inferiores o iguales a:

a) 70.
b) 80.
c) 90.
d) 100.

42. ¿Cuál es el test que valora la capacidad intelectual más utilizado actualmente?

a) La escala de inteligencia de Minnesota.
b) La escala de inteligencia de Wechsler.
c) La escala de inteligencia de Kolb.
d) La escala de inteligencia de Selye.

43. ¿En qué tipo de pacientes aparecen problemas de insomnio, despertándose en mitad de la noche?

a) En estados neuróticos.
b) En pacientes deprimidos.
c) En pacientes maníacos.
d) En todos los anteriores.

44. Según Gamerzy, todo cambio producido en el ambiente que, al actuar sobre una persona media, induce tensiones emocionales y altera el normal patrón de respuestas, se denomina:

a) Problema emocional.
b) Estrés.
c) Variable.
d) Ninguna respuesta es correcta.

45. Para Rodríguez Marín, una de las consecuencias del ingreso de un enfermo en el hospital es:

a) Exigencias de adaptación tanto al entorno físico como psicosocial, y la necesidad de un cambio de hábitos comportamentales personales.
b) Pérdida de la intimidad y de la privacidad.
c) Extrañamiento por inserción en un medio desconocido con pautas culturales diferentes.
d) Todas las respuestas son correctas.

46. ¿Cómo se denomina la respuesta de adaptación del paciente, en la que, según Coe, este asume la rutina del hospital mientras se evalúa su situación, permanece pasivo y cumple las demandas impuestas?

a) Integración.
b) Conformidad.
c) Aquiescencia.
d) Pasividad comportamental.

47. Con respecto al enfermo de cáncer:

a) La palabra cáncer tiene gran contenido emocional, su significado es distinto para los profesionales que para los profanos.
b) No es conveniente utilizar la palabra cáncer cuando hablemos al enfermo acerca de su padecimiento.
c) Los procesos cancerosos recidivan más fácilmente y tienen una evolución más precipitada y maligna cuando los enfermos no siguen terapia psicológica.
d) Todas las respuestas son correctas.

48. El dolor grato y placentero ocurre en tres tipos de personas:

a) Los masoquistas, los ansiosos de evasión y los ansiosos de estimación.
b) Los agresivos, los introvertidos y los masoquistas.
c) Los deprimidos, los introvertidos y los autoagresivos.
d) Los ansiosos de evasión, los autoagresivos y los anoréxicos.

49. ¿Qué autor considera que las situaciones de estrés son aquellas que necesitan un ajuste del organismo, pudiendo ser estas agradables o desagradables, dándole mayor importancia a la intensidad del ajuste que la situación requiera?

a) Ilfield.
b) Gamerzy.
c) Lazarus.
d) Selye.

50. ¿Qué tipo de respuesta de afrontamiento trata de buscar el significado de la enfermedad y reinterpretar nuestra vida en función de ello, se da en personas que afrontan la situación con mayor optimismo y parece aumentar la supervivencia en pacientes con cáncer de mama?

a) Resignación o aceptación de la enfermedad.
b) Reinterpretación positiva.
c) Evitación.
d) Conductas confrontativas.

51. Señale la respuesta incorrecta respecto al paciente hospitalizado:

a) Existe una subcultura hospitalaria con normas, valores, símbolos, a la que el paciente hospitalizado es sometido sin desearlo ni comprenderlo.
b) Aunque los profesionales sanitarios han desarrollado los mecanismos de defensa necesarios para realizar adecuadamente su trabajo en un hospital, el ambiente hospitalario genera reacciones psíquicas bastante significativas en el paciente ingresado.
c) En el hospital, se le impide al paciente utilizar determinados recursos a los que acudiría un enfermo no hospitalizado.
d) El paciente en la situación de desamparo buscará más activamente mejorar su condición y le costará menos trabajo decidir sobre su propio.

52. Según Rodríguez y Zurriaga, son factores personales importantes la inteligencia, las destrezas del lenguaje, las defensas psicológicas, las variables de personalidad, el estatus socioeconómico, la posición social, la extensión y disponibilidad del apoyo social, los medios económicos... Estos factores influyen en la valoración de la siguiente forma:

a) Determinando lo que es relevante para el bienestar en un momento dado.
b) Moldeando la comprensión que una persona tiene de un acontecimiento, y, en consecuencia, sus emociones y esfuerzos de afrontamiento.

c) Proporcionando las bases para evaluar los resultados.
d) Todas las respuestas son correctas.

53. Según Rodríguez y Zurriaga hay tres formas básicas de negación:

a) Negación de los hechos, negación del significado de los hechos y negación de nuestro estado emocional.
b) Negación emocional, negación objetiva y negación del significado de los hechos.
c) Negación subjetiva, negación objetiva y negación causal.
d) Negación causal, negación de los hechos y negación del significado de los hechos.

54. La conducta de enfermedad pasa por las siguientes fases:

a) Previa, inicial, búsqueda de asistencia facultativa, asunción del papel de paciente y recuperación/asunción del papel de paciente crónico.
b) Inicial, asunción del papel de enfermo, búsqueda de asistencia técnica, asunción del papel de paciente y recuperación/asunción del papel de paciente crónico.
c) Previa, asunción del rol de enfermo, negación/asimilación de la enfermedad y recuperación/asunción del papel de paciente crónico.
d) Inicial, asimilación de la enfermedad, búsqueda de asistencia técnica, desarrollo de la enfermedad y recuperación del enfermo.

55. Para Rodríguez Marín, una de las consecuencias del ingreso de un enfermo en el hospital es:

a) Exigencias de adaptación tanto al entorno físico como psicosocial, y la necesidad de un cambio de hábitos comportamentales personales.
b) Devaluación de la persona.
c) Separación brusca del marco social habitual, especialmente de la familia y del trabajo.
d) Todas las respuestas son correctas.

56. ¿En qué respuesta de adaptación el paciente intenta escapar del hospital, pero como su movilidad está controlada, la retirada es sobre todo psicológica?

a) En la agresión.
b) En la aquiescencia.
c) En la regresión.
d) En la desintegración.

En MADTEST tienes **más preguntas de este tema**, y todos tus avances quedan registrados y se reflejan en el ranking.

¡Supera tus límites con MADTEST!

Solución al test n.º 11

1. b) A un nivel no básico sino especializado.

2. c) La Atención Primaria se desarrolla al principio de la década de los sesenta, como una reacción en contra del sistema sanitario básicamente hospitalario y curativo, especializado, costoso, tecnificado, y alejado del individuo.

3. d) En Alma-Ata.

4. a) El 12 de septiembre de 1978.

5. d) Se crean nuevos profesionales que se incorporan, tales como los Trabajadores Sociales, Odontólogos, Farmacéuticos y Veterinarios y los Técnicos de Salud Pública.

6. c) Desaparecen antiguas áreas asistenciales tales como Salud laboral, Salud Mental, Asistencia social, Enfermos crónicos, etc.

7. d) Todas las respuestas son correctas.

8. d) Todas las respuestas son correctas.

9. c) En que sólo la Atención Especializada ofrece la asistencia en régimen de internamiento.

10. d) El Hospital.

11. d) Todas las respuestas son correctas.

12. a) La valoración se hace sobre la base de los signos y síntomas.

13. d) Florence Nightingale.

14. c) Orlando.

15. c) Modelos interaccionistas.

16. d) Todas son correctas.

17. d) La independencia del paciente.

18. a) Virginia Henderson.

19. b) Facilitar atención para influir de alguna forma sobre el paciente con el fin de que este evolucione y llegue a conseguir un óptimo nivel de autocuidado.

20. b) Sistema de enfermería parcialmente compensador.

21. a) Ordenar.

22. d) Dorotea Orem.

23. a) Enfermera y paciente realizan medidas de asistencia y otras manipulativas o de deambulación.

24. b) Administrar medicación por vía parenteral.

25. d) Puede ejercer en todos.

26. b) Ayudar al personal médico en la ejecución de intervenciones quirúrgicas.

27. d) Definir la dirección estratégica y las metas una vez conseguida la excelencia.

28. b) La calidad en la prestación asistencial y la eficiencia en la producción de servicios.

29. a) Los primeros y los últimos años de la vida.

30. b) A que está en permanente intercambio físico, mental y espiritual con el medio que le rodea.

31. c) La enfermera.

32. d) Las opciones a y b son ciertas.

33. d) Todas son ciertas.

34. b) La enfermedad distorsiona la imagen del cuerpo.

35. d) Las opciones a y c son ciertas.

36. c) Negación.

37. c) Racionalización.

38. b) Desplazamiento.

39. a) Maníacos.

40. d) En la bulimia el paciente siente repulsión por la comida, por lo que no cubrirá sus necesidades metabólicas y tenderá a perder peso.

41. a) 70.

42. b) La escala de inteligencia de Wechsler.

43. b) En pacientes deprimidos.

44. b) Estrés.

45. d) Todas las respuestas son correctas.

46. c) Aquiescencia.

47. d) Todas las respuestas son correctas.

48. a) Los masoquistas, los ansiosos de evasión y los ansiosos de estimación.

49. d) Selye.

50. b) Reinterpretación positiva.

51. d) El paciente en la situación de desamparo buscará más activamente mejorar su condición y le costará menos trabajo decidir sobre su propio.

52. d) Todas las respuestas son correctas.

53. a) Negación de los hechos, negación del significado de los hechos y negación de nuestro estado emocional.

54. b) Inicial, asunción del papel de enfermo, búsqueda de asistencia técnica, asunción del papel de paciente y recuperación/asunción del papel de paciente crónico.

55. d) Todas las respuestas son correctas.

56. c) En la regresión.

TEST N.º 12

Trabajo en equipo: conceptos de equipo y de equipo multidisciplinario. Práctica colaborativa

1. El funcionamiento objetivo de un equipo de trabajo debe reunir todas estas características excepto:

a) Determinación del fin a obtener de modo transparente.
b) El fin a obtener debe ser conocido por todos sus miembros.
c) Descripción de soluciones mediante la utilización de las sugerencias y soluciones expuestas por los miembros.
d) Ejecución del objetivo, exclusivamente a través del líder o superior.

2. ¿Qué es falso de estas afirmaciones?

a) Un grupo de personas es siempre un equipo de trabajo.
b) Un equipo de trabajo está formado siempre por un grupo de personas.
c) Un equipo es un grupo de personas que se organiza para realizar una actividad con un objetivo preciso.
d) Grupo y equipo son dos conceptos diferentes.

3. ¿Qué se define como la integración de elementos que da como resultado algo más grande que la simple suma de estos?

a) Antagonismo.
b) Coordinación.
c) Indiferencia.
d) Sinergia.

4. El compromiso en un trabajo en equipo es:

a) Cuando cada miembro asume voluntariamente el hecho de aportar lo mejor de sí mismo, para conseguir los objetivos del grupo y de la organización en general.
b) La necesidad de poder coordinar las distintas actuaciones individuales.

c) La interdependencia positiva entre las personas participantes en un equipo.
d) Todo lo anterior es falso.

5. ¿Cuál es la cifra recomendada en cuanto a número de miembros en los equipos de salud?

a) De aproximadamente 5.
b) De aproximadamente 10.
c) De aproximadamente 15.
d) De aproximadamente 20.

6. ¿En qué etapa de la puesta en marcha de un equipo de trabajo se superan generalmente los enfrentamientos personales y el proyecto comienza a salir adelante?

a) En la etapa de inicio.
b) En la etapa de madurez.
c) En la etapa de acoplamiento.
d) En la etapa de primeras dificultades.

7. ¿Qué rol de estos consideras que es funcional de producción en un equipo de trabajo?

a) El crítico.
b) El iniciador.
c) El pícaro.
d) El negativo.

8. ¿Cómo se denomina a aquel sujeto *con capacidad para formar, orientar y dar criterio a un determinado grupo de auxiliares, en una institución sanitaria*?

a) Líder.
b) Intelectual.
c) Asertivo.
d) Prolíder.

9. ¿Qué función de un líder de un grupo multidisciplinario no es adecuada?

a) Hacer que marche y funcione sin más la organización.
b) Ordenar y controlar los conflictos internos.
c) Imbuir el espíritu del grupo.
d) Definir la misión y el papel del grupo.

10. En un equipo de trabajo:

a) Su organización es muy jerárquica.
b) Cada miembro puede tener una manera particular de funcionar.

c) Es necesario que posean todos sus miembros la misma profesión.
d) Es necesaria la coordinación.

11. Los miembros de un equipo pueden desarrollar diversos roles. De los siguientes, indica cuál es un rol funcional:

a) El pícaro.
b) El gracioso.
c) El crítico.
d) El negativo.

12. ¿Cuál de las siguientes funciones dirías que no es propia del líder de un equipo?

a) Definir la misión y el papel del grupo.
b) Imbuir el espíritu de grupo.
c) Ordenar y controlar los conflictos internos.
d) Tomar decisiones.

13. ¿Qué tipo de equipo está constituido por un grupo de profesionales especializados en diferentes áreas, que trabajan de forma conjunta interactuando, compartiendo información, conocimientos o habilidades, trascendiendo su propio espacio disciplinar?

a) Equipo pluridisciplinar.
b) Equipo transdisciplinar.
c) Equipo multidisciplinar.
d) Equipo interdisciplinar.

14. La necesidad de seguridad en sentido estricto, la incluirías en factores motivadores:

a) Sociales.
b) Conductuales.
c) Psicológicos.
d) Orgánicos.

15. ¿Cuál de estas estrategias de motivación en el Sector Público no consideras muy factible y viable?

a) Complemento de productividad.
b) Salario.
c) Complemento monetario.
d) Son todas buenas estrategias.

16. ¿Cómo se realiza la estrategia de incentivación ampliamente utilizada en las empresas, mediante el sistema de logro de objetivos?

a) Mediante la participación en la toma de decisiones.
b) Mediante la utilización de elogios.
c) Mediante el enriquecimiento del trabajo.
d) Mediante la especificación de objetivos por área.

17. ¿Qué teoría de la motivación es aquella que considera que aprendizaje y motivación son los determinantes necesarios del comportamiento?

a) El racionalismo tradicional.
b) La teoría de Hull-Spence.
c) La teoría de motivación-higiene de Herzberg.
d) El mecanicismo.

18. La colaboración del TCAE con otros profesionales se considera esencial porque:

a) Permite que el TCAE trabaje de forma independiente.
b) Garantiza una atención integral, segura y de calidad al paciente.
c) Evita la comunicación con el resto del equipo sanitario.
d) Sustituye la función de médicos y enfermeras.

19. Una de las principales funciones del TCAE en la colaboración con otros profesionales es:

a) Diagnosticar enfermedades.
b) Prescribir tratamientos.
c) Transmitir información clara y veraz sobre el estado del paciente.
d) Dirigir al resto del equipo sanitario.

20. Entre los beneficios de una buena colaboración entre profesionales de la salud se encuentra:

a) Mayor cohesión del equipo y prevención de errores.
b) Mayor aislamiento del TCAE en sus funciones.
c) Reducción del número de profesionales necesarios.
d) Eliminación de la figura del médico.

En MADTEST tienes **más preguntas de este tema**, y todos tus avances quedan registrados y se reflejan en el ranking.

¡Supera tus límites con MADTEST!

Solución al test n.º 12

1. d) Ejecución del objetivo, exclusivamente a través del líder o superior.

2. a) Un grupo de personas es siempre un equipo de trabajo.

3. d) Sinergia.

4. a) Cuando cada miembro asume voluntariamente el hecho de aportar lo mejor de sí mismo, para conseguir los objetivos del grupo y de la organización en general.

5. b) De aproximadamente 10.

6. c) En la etapa de acoplamiento.

7. b) El iniciador.

8. a) Líder.

9. a) Hacer que marche y funcione sin más la organización.

10. d) Es necesaria la coordinación.

11. b) El gracioso.

12. d) Tomar decisiones.

13. b) Equipo transdisciplinar.

14. d) Orgánicos.

15. b) Salario.

16. d) Mediante la especificación de objetivos por área.

17. b) La teoría de Hull-Spence.

18. b) Garantiza una atención integral, segura y de calidad al paciente.

19. c) Transmitir información clara y veraz sobre el estado del paciente.

20. a) Mayor cohesión del equipo y prevención de errores.

TEST N.º 13

Comunicación: concepto y tipos de comunicación; habilidades para la comunicación; la empatía y la escucha activa. Principios fundamentales de la bioética. El secreto profesional: concepto y regulación jurídica

1. Al individuo que habla, gesticula, escribe, pinta, etc., en la comunicación, se le denomina:

a) Mensajero.
b) Fuente.
c) Receptor.
d) Destino.

2. ¿Cómo se denomina la comunicación en que se emite un mensaje por parte del emisor que llega al receptor, consiguiendo que este ejecute una tarea o una función?

a) Comunicación Horizontal.
b) Comunicación Diagonal.
c) Comunicación Vertical.
d) Comunicación Triangular.

3. ¿A qué se denomina el método que permite a una persona hacer comprensible a otra cualquier idea o hecho que se le quiere transmitir?

a) Comunicación.
b) Transmisión.
c) Explicación o charla.
d) Transferencia.

4. ¿Qué barrera del lenguaje se da por discapacidad física?

a) Neurosis.
b) Alteraciones de la memoria.
c) Ceguera.
d) Psicosis.

5. ¿Cuál es el objetivo en la relación interpersonal celador/paciente/familiar?

a) La salud.
b) La eficiencia profesional.
c) La ayuda.
d) La eficacia profesional.

6. ¿Qué término se aplica cuando en una relación interpersonal no se consigue lo que se esperaba?

a) Enojo.
b) Frustración.
c) Agresividad.
d) Deserción.

7. ¿En qué pilares ha de basarse la relación interpersonal?

a) Compromiso, objetivo común y desinterés.
b) Sinceridad, confianza y respeto.
c) Cooperación, dominación y aislamiento.
d) Confianza, creatividad, compromisos renovados y respeto mutuo.

8. ¿Cómo se denomina aquella habilidad personal que nos permite expresar sentimientos, opiniones y pensamientos, en el momento oportuno, de la forma adecuada, sin negar ni desconsiderar los derechos de los demás?

a) Compromiso.
b) Empatía.
c) Simpatía.
d) Asertividad.

9. ¿Qué estilo de comunicación favorece la cooperación y evita la confrontación?

a) Comunicación agresiva.
b) Comunicación pasiva.
c) Comunicación asertiva.
d) Comunicación manipulativa.

10. En el proceso de comunicación, ¿cuál es el principal obstáculo cuando el técnico utiliza un lenguaje que el paciente no puede descodificar?

a) Terminología científica.
b) Expresión no verbal.
c) Flujo de información excesivo.
d) Interferencias psicológicas.

11. ¿Cuál de los siguientes no es un componente de la actitud según la psicología social?

a) Componente cognoscitivo.
b) Componente afectivo.
c) Componente motivacional.
d) Componente conductual.

12. Cuando un técnico en Cuidados Auxiliares de Enfermería se comunica con el paciente, trata de compartir adecuadamente todo lo que se expone, excepto:

a) Informaciones e ideas.
b) Actitudes.
c) Sentimientos.
d) Asuntos personales de trascendencia del técnico.

13. La comunicación que emplea el código dibujos es:

a) Lingüística escrita.
b) Lingüística visual.
c) No lingüística visual.
d) No lingüística gestual.

14. En la distancia pública el TCAE y el paciente que se comunican están separados en más de:

a) 0,5 m.
b) 1 m.
c) Más de 2 m.
d) Entre 1 y 2 m.

15. ¿En qué componentes de las actitudes, según el modelo de McGill, se deben sustentar el apoyo y la ayuda a la persona enferma, y por ello en su formación?

a) Habilidades sociales y componente conductual de la actitud.
b) Componente físico y conductual de la actitud.
c) Componente afectivo, cognoscitivo y conductual de la actitud.
d) Componente físico, afectivo, cognoscitivo y conductual de la actitud.

16. El estrés no deseable se denomina:

a) Cutrés.
b) Eustrés.
c) Distrés.
d) Nada de lo anterior es correcto.

17. ¿Generalmente qué forma tiene la fase de adaptación o resistencia del estrés en la curva?

a) De subida rápida ("s" empinada).
b) De subida lenta ("s" poco empinada).
c) De meseta (recta de mayor o menor longitud).
d) De caída lenta ("s" invertida poco empinada).

18. ¿Qué atributo no pertenece al tipo A, como patrón conductual de enfrentamiento al estrés?

a) Persona de enfrentamiento directo y así muestran su hostilidad.
b) Habla con voz potente, alta, rápida y con aceleración final de las frases.
c) Camina rápido.
d) Raro que interrumpa las conversaciones de otros.

19. Nombra las hormonas del primer nivel jerárquico que intervienen en la regulación del estrés:

a) Andrógenos y glucocorticoides.
b) CRF y ACTH.
c) Adrenalina y noradrenalina.
d) Catecolaminas.

20. ¿Cuál es la secuencia correcta de las fases del síndrome general de adaptación de Selye?

a) Resistencia – Alarma – Agotamiento.
b) Alarma – Resistencia – Agotamiento.
c) Agotamiento – Alarma – Resistencia.
d) Resistencia – Agotamiento – Alarma.

21. ¿A qué se refiere cualquier circunstancia, dicho o hecho que perjudica a una persona en sus intereses, derechos o reputación respecto a terceros?

a) Difamación.
b) Calumnia.
c) Asalto.
d) Agravio.

22. ¿Cuál de estos no es un componente básico de los 8 que cita Mayeroff a desarrollar para disponer de la capacidad de cuidar?

a) Confianza.
b) Prudencia.

c) Paciencia.
d) Honestidad y humildad.

23. ¿Cuál sería, entre los pasos a seguir para la toma de decisiones éticas, el último a efectuar en la práctica clínica?

a) Principios.
b) Resolución del problema.
c) Descripción de problemas.
d) Decisiones a tomar.

24. ¿A qué nos referimos con un conjunto sistemático de principios que motivan y guían las acciones éticas?

a) A un modelo para la toma ética de decisiones.
b) Al propio juicio de cada sujeto, sea este profesional o no.
c) A un paradigma moral.
d) A un axioma ético.

25. ¿Qué ética supone la comprensión de lo que define a una profesión y sus funciones, establecer si esta profesión constituye o no nuestro absoluto profesional?

a) Ética personal.
b) Ética social.
c) Ética profesional.
d) Del profesional de enfermería.

26. ¿Qué profesionales sanitarios, dentro del equipo asistencial, son los que mantienen frecuentemente una relación más estrecha y continuada con el enfermo?

a) Enfermeros y TCAEs.
b) Médicos de Atención Primaria.
c) Técnicos Superiores Sanitarios.
d) Médicos de Atención Especializada.

27. ¿Qué forma de relación terapéutica del personal de enfermería es aquella en la que se desenvuelve situándose este en el papel del enfermo, para, desde esa situación, poder establecer una distancia y aportar salud en la medida de lo posible?

a) Relación abierta.
b) Relación simpática.
c) Relación cerrada.
d) Relación empática.

28. De estos, ¿qué código o principio rigen la experimentación con seres humanos?

a) Código da Vinci.
b) Código de Estocolmo.
c) Declaración Humana de Berna.
d) Código de Nuremberg.

29. ¿Cómo se consigue el respeto a la persona en toda experimentación o investigación sobre la misma?

a) Se consigue mediante la búsqueda del bien.
b) Se consigue mediante la confidencialidad.
c) Se consigue mediante el consentimiento.
d) Se consigue mediante la confidencialidad y el consentimiento.

30. ¿Cómo se denomina al acto cuando se actúa no para beneficiar o perjudicar a los demás?

a) Acto incívico.
b) Acto inmoral.
c) Acto amoral.
d) Son ciertas las respuestas b) y c).

31. ¿Sobre qué principios se apoya toda la asistencia sanitaria?

a) Principios de beneficencia y autonomía.
b) Principios de beneficencia y justicia.
c) Principios de autonomía, beneficencia y justicia.
d) Principios de autonomía, beneficencia, no maleficencia y justicia.

32. ¿Qué modelo de relación clínica es aquella que se basa en que el médico, a partir de sus conocimientos, es el que va a dirigir todo el proceso?

a) Modelo estándar.
b) Modelo paternalista.
c) Modelo informativo.
d) Modelo interpretativo.

33. ¿A qué modelo de relación clínica nos referimos si se basa en que el médico ayuda al paciente a elegir, entre todos los valores relacionados con su salud y que puedan desarrollarse en el acto clínico, aquellos que se consideren los mejores?

a) Deliberativo.
b) Paternalista.
c) Informativo.
d) Interpretativo.

34. Todo lo que se expone respecto al derecho a la maternidad es cierto, excepto:

a) Cuando se lleve a cabo el derecho a la maternidad, nadie será discriminado en el acceso a las prestaciones y servicios previstos en esta ley por motivos de origen racial o étnico, religión, convicción u opinión, sexo, discapacidad, orientación sexual, edad, estado civil, o cualquier otra condición o circunstancia personal o social.

b) Se reconoce el derecho a la maternidad libremente decidida.

c) El Estado no será el que velará para que se garantice la igualdad en el acceso a las prestaciones y servicios establecidos por el Sistema Nacional de Salud que inciden en el ámbito de aplicación de esta ley, ya que existen otros autores.

d) Los poderes públicos, de conformidad con sus respectivas competencias, llevarán a cabo las prestaciones y demás obligaciones que establece la presente ley en garantía de la salud sexual y reproductiva.

35. ¿Qué requisito necesario no es correcto para que se practique la interrupción voluntaria del embarazo?

a) Que se practique por una matrona bajo la dirección de un médico de familia.

b) Que se practique por un médico especialista o bajo su dirección.

c) Que se realice con el consentimiento expreso y por escrito de la mujer embarazada o, en su caso, del representante legal.

d) Que se lleve a cabo en centro sanitario público o privado acreditado.

36. ¿Hasta qué momento máximo de la gestación se podrá interrumpir el embarazo a petición de la embarazada, siempre que concurran los requisitos que indica la ley?

a) Hasta la 8.ª semana de gestación.

b) Hasta la 12.ª semana de gestación.

c) Hasta la 14.ª semana de gestación.

d) Hasta la 22.ª semana de gestación.

37. ¿Cómo se denomina la omisión planificada de los cuidados que facilita la muerte del paciente, que seguramente si estos se dieran prolongarían la vida del enfermo?

a) Distanasia.

b) Eutanasia activa.

c) Ortotanasia.

d) Eutanasia pasiva.

38. ¿Qué documento es necesario que se expida tras un óbito para acreditar de forma fehaciente el fallecimiento de su causante y se envía inmediatamente al Registro Civil?

a) Certificado de defunción.

b) Certificado de últimas voluntades.

c) Testamento vital.
d) Certificado de autopsia.

39. ¿Qué define la eutanasia pasiva según el contexto de la eutanasia?

a) Administración de medicamentos letales.
b) Retiro de soporte vital.
c) Aplicación de cuidados paliativos.
d) Todas las anteriores.

40. Según la ley, ¿cómo se debe certificar la muerte?

a) Testimonio de un familiar.
b) Diagnóstico de un médico.
c) Confirmación del cese irreversible de las funciones vitales.
d) Reporte policial.

En MADTEST tienes **más preguntas de este tema**, y todos tus avances quedan registrados y se reflejan en el ranking.

¡Supera tus límites con MADTEST!

Solución al test n.º 13

1. b) Fuente.

2. a) Comunicación Horizontal.

3. c) Explicación o charla.

4. c) Ceguera.

5. c) La ayuda.

6. b) Frustración.

7. b) Sinceridad, confianza y respeto.

8. d) Asertividad.

9. c) Comunicación asertiva.

10. a) Terminología científica.

11. c) Componente motivacional.

12. d) Asuntos personales de trascendencia del técnico.

13. c) No lingüística visual.

14. c) Más de 2 m.

15. c) Componente afectivo, cognoscitivo y conductual de la actitud.

16. c) Distrés.

17. c) De meseta (recta de mayor o menor longitud).

18. d) Raro que interrumpa las conversaciones de otros.

19. b) CRF y ACTH.

20. b) Alarma – Resistencia – Agotamiento.

21. d) Agravio.

22. b) Prudencia.

23. b) Resolución del problema.

24. a) A un modelo para la toma ética de decisiones.

25. c) Ética profesional.

26. a) Enfermeros y TCAEs.

27. d) Relación empática.

28. d) Código de Nuremberg.

29. d) Se consigue mediante la confidencialidad y el consentimiento.

30. c) Acto amoral.

31. d) Principios de autonomía, beneficencia, no maleficencia y justicia.

32. b) Modelo paternalista.

33. a) Deliberativo.

34. c) El Estado no será el que velará para que se garantice la igualdad en el acceso a las prestaciones y servicios establecidos por el Sistema Nacional de Salud que inciden en el ámbito de aplicación de esta ley, ya que existen otros autores.

35. a) Que se practique por una matrona bajo la dirección de un médico de familia.

36. c) Hasta la 14.ª semana de gestación.

37. d) Eutanasia pasiva.

38. a) Certificado de defunción.

39. b) Retiro de soporte vital.

40. c) Confirmación del cese irreversible de las funciones vitales.

TEST N.º 14

Anatomía y fisiología del ser humano

1. De los siguientes tipos de articulaciones, ¿cuál es la menos móvil?

a) Enartrosis.
b) Diartrosis.
c) Sinartrosis.
d) Trocleares.

2. La región de crecimiento de los huesos largos es:

a) Epífisis
b) Diáfisis.
c) Cuellos anatómicos.
d) Metáfisis.

3. Según el tamaño, los huesos se clasifican en:

a) Largos y cortos.
b) Radiados.
c) Papiráceos.
d) Ninguna de las respuestas anteriores es correcta.

4. Los huesos que presenta un cuerpo más o menos voluminoso y del que parten una serie de ramificaciones se denominan:

a) Cortos.
b) Papiráceos.
c) Anchos.
d) Radiados.

5. Los huesos en los que predomina el eje longitudinal sobre el resto de las dimensiones son huesos:

a) Cortos.
b) Largos.

c) Anchos o planos.
d) Arqueados.

6. El fémur es un hueso:

a) Radiado.
b) Corto.
c) Ancho.
d) Largo.

7. El escafoides es un hueso:

a) Largo.
b) Corto.
c) Ancho o plano.
d) Radiado.

8. El esqueleto humano representa con respecto al peso corporal de una persona adulta:

a) El 50%
b) La mitad.
c) Un tercio.
d) Un cuarto.

9. Las células que se encargan de la reabsorción del tejido óseo, tanto de la parte proteica como mineral, se llaman:

a) Eritrocitos.
b) Osteocitos.
c) Osteoclastos.
d) Leucocitos.

10. El esqueleto humano está formado por:

a) 150 piezas.
b) 206 piezas.
c) 175 piezas.
d) 186 piezas.

11. ¿Qué mineral de los que se nombran a continuación no existe en el hueso?

a) Calcio.
b) Sodio.
c) Magnesio.
d) Manganeso.

12. Los huesos del cráneo son huesos:

a) Largos.
b) Cortos.
c) Planos.
d) Arqueados.

13. La medula ósea puede ser amarilla. ¿A qué se debe este color?

a) A su alto contenido en hidratos de carbono.
b) A su alto contenido en grasas.
c) A su alto contenido en proteínas.
d) A su alto contenido en aminoácidos.

14. La silla turca se encuentra en el hueso:

a) Occipital.
b) Etmoides.
c) Esfenoides.
d) Parietales.

15. El Foramen Magnum se encuentra en el hueso:

a) Etmoides.
b) Occipital.
c) Esfenoides.
d) Temporal.

16. ¿De cuántas vértebras consta la Raquis Cervical?

a) De 7.
b) De 12.
c) De 5.
d) De 4.

17. ¿De cuántas vértebras consta el raquis dorsal?

a) De 9.
b) De 12.
c) De 7.
d) De 14.

18. En la extremidad superior ¿qué hueso no está presente?

a) La clavícula.
b) El húmero.

c) La escápula.
d) El isquion.

19. No es un hueso de la muñeca:

a) Hueso pisiforme.
b) Hueso piramidal.
c) Hueso semilunar.
d) Hueso astrágalo.

20. Señale la respuesta incorrecta. Las articulaciones se clasifican según su estructura en:

a) Fibrosas.
b) Compactas.
c) Cartilaginosas.
d) Sinoviales.

21. Las articulaciones se clasifican según el tipo de movimiento en:

a) Artrodias.
b) Trocleares.
c) Condíleas.
d) Todas son correctas.

22. ¿Dónde se localiza el músculo oblicuo mayor?

a) En la parte posterior del tronco.
b) En los músculos de la cara anterior del tórax.
c) En los músculos del brazo.
d) Entre los músculos de la pared del abdomen.

23. Dentro de los músculos del hombro, destacan los siguientes, excepto:

a) Deltoides.
b) Coracobraquial.
c) Supraespinoso.
d) Subescapular.

24. El conducto medular que aloja la médula ósea en los huesos largos se sitúa fundamentalmente en:

a) La epífisis.
b) La diáfisis.
c) La metáfisis.
d) Se encuentra a lo largo de toda la longitud del hueso.

25. En nuestro esqueleto:

a) El vómer es un hueso del cráneo.
b) El húmero se articula con la escápula.
c) Existe un hueso escafoides en la mano y otro en el pie.
d) Son correctas b) y c).

26. Una de las afirmaciones siguientes es falsa. Señálala:

a) El esternón se localiza en la parte anterior del tórax.
b) Las costillas verdaderas corresponden a los siete primeros pares.
c) El número total de costillas en la especie humana es de 24.
d) Constituyen las llamadas costillas falsas los siete últimos pares.

27. Una estructura ósea constituida por un cuerpo, arco que encierra un agujero y varias apófisis corresponde a:

a) Hioides.
b) Martillo.
c) Etmoides.
d) Vértebra.

28. Un ejemplo característico de anfiartrosis es la articulación de:

a) La rodilla.
b) Cadera.
c) Sínfisis del pubis.
d) Sacro-ilíaca.

29. La articulación de la cadera es una:

a) Enartrosis.
b) Artrodia.
c) Troclear.
d) Condílea.

30. El movimiento de separación del miembro inferior derecho del plano medio sagital se conoce como movimiento de:

a) Abducción.
b) Aducción.
c) Rotación.
d) Flexión.

31. El movimiento de aproximación del miembro inferior izquierdo al plano medio sagital se conoce como movimiento de:

a) Extensión.
b) Abducción.
c) Aducción.
d) Circunducción.

32. Un músculo que por su función se opone directamente a la función de otro músculo se dice que es:

a) Agonista.
b) Sinérgico.
c) Antagonista.
d) Pronador.

33. El aparato locomotor está formado por:

a) Articulaciones.
b) Músculos.
c) Huesos.
d) Todos los anteriores.

34. La parte activa del aparato locomotor está representada por:

a) Los huesos.
b) Las articulaciones.
c) Los músculos.
d) Por todos los anteriores.

35. ¿De qué cavidades consta el corazón?

a) Un ventrículo y tres aurículas.
b) Dos ventrículos y una aurícula.
c) Dos ventrículos y dos aurículas.
d) Tres ventrículos y una aurícula.

36. La válvula mitral del corazón separa:

a) Aurícula derecha-ventrículo izquierdo.
b) Ventrículo derecho-aurícula izquierda.
c) Aurícula derecha-ventrículo derecho.
d) Aurícula izquierda-ventrículo izquierdo.

37. Las venas pulmonares desembocan en el corazón a través de:

a) La aurícula izquierda.
b) La aurícula derecha.

c) El ventrículo izquierdo.
d) El ventrículo derecho.

38. La capa muscular del corazón se denomina:

a) Endocardio.
b) Miocardio.
c) Pericardio.
d) Endotelio.

39. Desde el punto de vista funcional, los vasos sanguíneos se dividen en:

a) Vasos de conducción.
b) Vasos de distribución.
c) Vasos de resistencia.
d) Todas son correctas.

40. La dentina del diente está protegida por:

a) La pulpa.
b) El cemento.
c) El esmalte.
d) Las respuestas b) y c) son correctas.

41. Los dientes que presentan una corona de forma cónica o puntiaguda y raíz simple son:

a) Caninos.
b) Incisivos.
c) Premolares.
d) Molares.

42. La dentición definitiva consta de:

a) 20 piezas.
b) 32 piezas.
c) 38 piezas.
d) 28 piezas.

43. Pieza dentaria con corona de borde cortante y raíz única. Se trata de un:

a) Canino.
b) Premolar.
c) Incisivo.
d) Molar.

44. Respecto a la dentición se puede afirmar que:

a) La dentición temporal consta de 32 piezas.
b) Los premolares no están presentes en la dentición temporal.
c) Existen dos premolares en cada hemiarcada dentaria, cuando se trata de una dentición de leche.
d) Los molares poseen una sola raíz.

45. Las amígdalas palatinas se localizan en la:

a) Nasofaringe.
b) Orofaringe.
c) Laringe.
d) Laringo-faringe.

46. Las amígdalas faríngeas se localizan en la:

a) Nasofaringe.
b) Orofaringe.
c) Laringe.
d) Tráquea.

47. ¿Cuál/es de las glándulas que se citan son salivares?

a) Parótidas.
b) Submaxilares.
c) Sublinguales.
d) Todas.

48. A través del conducto de Stenon desagua la glándula:

a) Parótida.
b) Submaxilar.
c) Sublingual.
d) Bartolino.

49. A través del conducto de Rivinos desagua la glándula:

a) Submaxilar.
b) Sublingual.
c) Parótida.
d) Páncreas exocrino.

50. Una de las afirmaciones que se hacen seguidamente es falsa. ¿Cuál?

a) Las glándulas parótidas son dos glándulas situadas debajo del conducto auditivo externo.
b) La glándula submaxilar es única y está situada en la parte posterior del suelo de la boca.

c) La orofaringe es común al aparato digestivo y respiratorio.
d) La saliva no interviene en la digestión de los alimentos.

51. La ampolla de Vater se localiza en:

a) Estómago.
b) Yeyuno.
c) Duodeno.
d) Ciego.

52. Las glándulas de Lieberkhün:

a) Se localizan en el intestino.
b) Se localizan en la boca.
c) Son productoras de enzimas.
d) Las respuestas a) y c) son correctas.

53. El cardias:

a) Es una válvula cardiaca.
b) Es un esfínter situado entre el esófago y el estómago.
c) Es una válvula situada entre la aurícula derecha y ventrículo del mismo lado en el corazón.
d) Las respuestas a) y c) son correctas.

54. El píloro:

a) Es un esfínter anatómico y funcional.
b) Separa el antro pilórico del estómago de la primera porción del intestino delgado (duodeno).
c) Es un esfínter anatómico pero no funcional.
d) Las respuestas a) y b) son correctas.

55. Las células principales del estómago son productoras de:

a) Pepsina.
b) ClH.
c) Factor intrínseco.
d) Mucina.

56. El hígado:

a) Es una glándula anexa al aparato digestivo.
b) Interviene en el metabolismo de los principios inmediatos.
c) Es productor de bilis que ayuda al proceso de la digestión y absorción de los alimentos ingeridos.
d) Todas son correctas.

57. El páncreas:

a) Se sitúa transversalmente en la parte posterior de la cavidad abdominal.
b) Es una glándula exocrina.
c) Es una glándula endocrina.
d) Todas.

58. La nasofaringe se conoce también como:

a) Orofaringe.
b) Bucofaringe.
c) Hipofaringe.
d) Rinofaringe.

59. Una de las afirmaciones siguientes es falsa:

a) El intestino delgado tiene una longitud mayor que el intestino grueso.
b) La segunda porción del intestino delgado es el yeyuno-íleon.
c) El ciego es la última porción del intestino grueso.
d) El colon sigmoideo tiene forma de «S».

60. En la dentición infantil o también llamada de leche hay:

a) 12 molares.
b) 8 premolares.
c) 20 piezas.
d) Todas.

61. Las paredes de la laringe están formadas por:

a) Cartílagos laríngeos.
b) Músculos de la laringe.
c) Cuerdas vocales.
d) Todas son correctas.

62. Entre las funciones de la tráquea y los bronquios, no se encuentra:

a) Transportar el aire entre el exterior y el interior de los pulmones.
b) Calentar el aire transportado.
c) Humedecer el aire transportado.
d) Favorecer los movimientos respiratorios del pulmón facilitando así la respiración.

63. El volumen de aire que entra y sale del aparato respiratorio en un minuto se conoce como:

a) Frecuencia respiratoria.
b) Volumen de reserva espiratoria.
c) Volumen residual.
d) Ventilación pulmonar.

64. En la composición del aire alveolar no se encuentra:

a) Nitrógeno.
b) Oxígeno.
c) Bicarbonato sódico.
d) Dióxido de carbono.

65. El intercambio de gases que se produce en los pulmones al respirar, se conoce como:

a) Respiración.
b) Hematosis.
c) Inspiración.
d) Espiración.

66. Las neuronas que llevan impulsos desde la periferia hasta el sistema nervioso central se denominan:

a) Aferentes.
b) Eferentes.
c) Periféricas.
d) Transmisoras.

67. La memoria y la audición corren a cargo del lóbulo cerebral:

a) Frontal.
b) Parietal.
c) Temporal.
d) Occipital.

68. La parte del sistema nervioso que controla el sistema musculoesquelético, permite los movimientos coordinados, mantiene el equilibrio y la posición erecta, se denomina:

a) Tronco cerebral.
b) Cerebelo.
c) Médula espinal.
d) Ninguna es correcta.

69. El sistema nervioso periférico consta de:

a) 12 pares de nervios craneales.
b) 31 pares de nervios espinales.
c) 24 pares de nervios craneales.
d) Las respuestas a) y b) son correctas.

En MADTEST tienes **más preguntas de este tema**, y todos tus avances quedan registrados y se reflejan en el ranking.

¡Supera tus límites con MADTEST!

Solución al test n.º 14

1. c) Sinartrosis.

2. d) Metáfisis.

3. a) Largos y cortos.

4. d) Radiados.

5. b) Largos.

6. d) Largo.

7. b) Corto.

8. c) Un tercio.

9. c) Osteoclastos.

10. b) 206 piezas.

11. d) Manganeso.

12. c) Planos.

13. b) A su alto contenido en grasas.

14. c) Esfenoides.

15. b) Occipital.

16. a) De 7.

17. b) De 12.

18. d) El isquion.

19. d) Hueso astrágalo.

20. b) Compactas.

21. d) Todas son correctas.

22. d) Entre los músculos de la pared del abdomen.

23. b) Coracobraquial.

24. b) La diáfisis.

25. d) Son correctas b) y c).

26. d) Constituyen las llamadas costillas falsas los siete últimos pares.

27. d) Vértebra.

28. c) Sínfisis del pubis.

29. a) Enartrosis.

30. a) Abducción.

31. c) Aducción.

32. c) Antagonista.

33. d) Todos los anteriores.

34. c) Los músculos.

35. c) Dos ventrículos y dos aurículas.

36. d) Aurícula izquierda-ventrículo izquierdo.

37. a) La aurícula izquierda.

38. b) Miocardio.

39. d) Todas son correctas.

40. d) Las respuestas b) y c) son correctas.

41. a) Caninos.

42. b) 32 piezas.

43. c) Incisivo.

44. b) Los premolares no están presentes en la dentición temporal.

45. b) Orofaringe.

46. a) Nasofaringe.

47. d) Todas.

48. a) Parótida.

49. b) Sublingual.

50. d) La saliva no interviene en la digestión de los alimentos.

51. c) Duodeno.

52. d) Las respuestas a) y c) son correctas.

53. b) Es un esfínter situado entre el esófago y el estómago.

54. d) Las respuestas a) y b) son correctas.

55. a) Pepsina.

56. d) Todas son correctas.

57. d) Todas.

58. d) Rinofaringe.

59. c) El ciego es la última porción del intestino grueso.

60. c) 20 piezas.

61. d) Todas son correctas.

62. d) Favorecer los movimientos respiratorios del pulmón facilitando así la respiración.

63. d) Ventilación pulmonar.

64. c) Bicarbonato sódico.

65. b) Hematosis.

66. a) Aferentes.

67. c) Temporal.

68. b) Cerebelo.

69. d) Las respuestas a) y b) son correctas.

TEST N.º 15

Infecciones nosocomiales: definición, cadena epidemiológica, barreras higiénicas. Tipos y medidas de aislamiento. Importancia de la higiene de manos

1. La persona con capacidad padecer una enfermedad infecciosa se denomina técnicamente:

a) Portador enfermo.
b) Portador sano o asintomático.
c) Huésped susceptible.
d) Huésped refractario.

2. La Epidemiología de las enfermedades transmisibles estudia los factores que van a relacionar el agente causal con...

a) El portador.
b) El ambiente.
c) El sujeto o huésped susceptible.
d) El reservorio.

3. ¿Cuál de estas afirmaciones no es correcta respecto a los postulados de Koch?

a) Siempre debemos encontrar el microorganismo en la enfermedad.
b) Se debe aislar, pero no se cultiva desde las lesiones.
c) Se reproduce la enfermedad al inocular un cultivo puro a un animal susceptible.
d) El microorganismo debe dar lugar a una respuesta inmune detectable en laboratorio.

4. ¿Cómo se denomina la relación de interacción entre agente causal y huésped cuando existe beneficio para el agente o el huésped, pero sin perjuicio para el otro?

a) Saprofitismo.
b) Simbiosis.
c) Parasitismo.
d) Comensalismo.

5. ¿Cómo se denomina la capacidad del agente etiológico para extenderse?

a) Contagiosidad.
b) Infectividad.
c) Patogenicidad.
d) Virulencia.

6. Generalmente la fuente de la enfermedad transmisible suele ser la misma que:

a) El reservorio.
b) El portador sano.
c) El huésped susceptible.
d) El huésped refractario.

7. El suelo en la cadena epidemiológica se comporta como:

a) Reservorio exclusivamente.
b) Mecanismo de transmisión exclusivamente.
c) Reservorio o mecanismo de transmisión.
d) Huésped refractario o vía de contagio.

8. ¿A qué hace referencia la definición: "Todo ser animado o inanimado, en los que el agente etiológico se reproduce y se perpetúa en un ambiente natural del que depende para su supervivencia"?

a) Reservorio.
b) Fuente de infección.
c) Fuente de contagio.
d) Fuente adicional.

9. ¿Qué es la tasa de prevalencia?

a) Nº de personas portadoras en un período/nº de personas observadas en el período x meses de observación.
b) Nº de casos positivos/personas totales en un período específico.
c) Nº de casos negativos/nº de análisis realizados.
d) Ninguna es correcta.

10. ¿Cuál de estas opciones no es un mecanismo de transmisión indirecta de una enfermedad?

a) Por el aire.
b) Por arañazos.
c) Baños.
d) Artrópodos.

11. Existe reservorio telúrico cuando existe transmisión al hombre por medio de:

a) El suelo.
b) El agua.
c) Fómites.
d) Todo lo anterior es cierto.

12. ¿Cuál es la distancia mínima para que se produzca una transmisión directa de una infección por vía aérea, aunque propiamente no exista contacto directo?

a) 1 metro.
b) 2 metros.
c) 3 metros.
d) 4 metros.

13. ¿Qué vía de transmisión de estas es la más frecuente?

a) Transplacentaria.
b) Por bebida de fuente contaminada o comida contaminada.
c) Por vía aérea.
d) Por vía venérea.

14. ¿Cuál es el último eslabón de la cadena epidemiológica?

a) Huésped susceptible (con capacidad de enfermar).
b) Huésped refractario (sin capacidad de enfermar).
c) Fuente.
d) Vector.

15. ¿Qué afirmación es incorrecta en relación a las infecciones relacionadas con la asistencia sanitaria (IRAS)?

a) Son una causa mayor de mortalidad y de sufrimiento para los pacientes.
b) Son fáciles de tratar, a pesar de estar causadas por bacterias multirresistentes (BMR).
c) Incluyen a la infección nosocomial clásica, más las infecciones adquiridas por pacientes de la comunidad en contacto con la asistencia sanitaria.
d) Generan gran frustración a los profesionales sanitarios e incremento de forma considerable el gasto económico.

16. ¿Qué Servicio o Unidad de Hospitalización presenta la mayor prevalencia de infecciones hospitalarias?

a) UCI.
b) Rehabilitación.
c) Cardiología.
d) Consultas Externas.

17. ¿Cómo se denomina la infección causada por microorganismos pertenecientes a la propia flora comensal del paciente?

a) Exógena.
b) Ecológica.
c) Endógena.
d) Es imposible que esta se dé.

18. ¿A qué se asocia en mayor porcentaje el origen de las infecciones urinarias de tipo nosocomial? Se asocia a...

a) Heridas durante el esfuerzo de orinar.
b) Contactos directos del personal de enfermería con el paciente.
c) Manipulaciones instrumentales de las vías urinarias (sondaje vesical).
d) Fómites del cuarto de aseo del paciente.

19. ¿Cuál es la principal medida preventiva para evitar las infecciones cruzadas en el hospital?

a) Lavado de mano quirúrgico.
b) Lavado de mano higiénico.
c) Lavado de mano especial.
d) Lavado de mano antiséptico.

20. ¿Qué medida no es preventiva de las infecciones respiratorias de tipo nosocomial?

a) Esterilizar los broncoscopios cada vez que se utilicen.
b) Utilizar tubos endotraqueales estériles y desechables.
c) Realizar traqueotomías con frecuencia.
d) Favorecer los tratamientos posturales y hacer fisioterapia respiratoria, motivando al paciente para que aproveche al máximo su capacidad pulmonar.

En MADTEST tienes **más preguntas de este tema**, y todos tus avances quedan registrados y se reflejan en el ranking.

¡Supera tus límites con MADTEST!

Solución al test n.º 15

1. c) Huésped susceptible.

2. c) El sujeto o huésped susceptible.

3. b) Se debe aislar, pero no se cultiva desde las lesiones.

4. d) Comensalismo.

5. a) Contagiosidad.

6. a) El reservorio.

7. c) Reservorio o mecanismo de transmisión.

8. a) Reservorio.

9. b) Nº de casos positivos/personas totales en un período específico.

10. b) Por arañazos.

11. d) Todo lo anterior es cierto.

12. a) 1 metro.

13. c) Por vía aérea.

14. a) Huésped susceptible (con capacidad de enfermar).

15. b) Son fáciles de tratar, a pesar de estar causadas por bacterias multirresistentes (BMR).

16. a) UCI.

17. c) Endógena.

18. c) Manipulaciones instrumentales de las vías urinarias (sondaje vesical).

19. b) Lavado de mano higiénico.

20. c) Realizar traqueotomías con frecuencia.

TEST N.º 16

Conceptos generales sobre higiene hospitalaria. Métodos de limpieza y desinfección del material y del instrumental sanitario. Antisépticos y desinfectantes. Esterilización: métodos según el tipo de material. Tipos de control. Manipulación y conservación del material estéril

1. ¿Qué tipo de agentes utiliza más frecuentemente la asepsia para conseguir matar y eliminar los microorganismos?

a) Agentes mecánicos.
b) Agentes físicos.
c) Agentes biológicos.
d) Agentes químicos.

2. El material estéril:

a) No posee ningún tipo de microorganismo patógeno.
b) No posee gérmenes tipo virus, bacterias y hongos.
c) No posee ningún tipo de microorganismo patógeno, ni microorganismo no patógeno, e incluso ni siquiera sus formas de resistencia.
d) No posee ningún tipo de microorganismo patógeno y no patógeno.

3. ¿Qué termino es sinónimo de antisepsia en la práctica?

a) Descontaminación.
b) Desinfección.
c) Esterilización.
d) Desinfestación.

4. ¿Cómo se denomina al conjunto de técnicas destinadas a la eliminación de los artrópodos?

a) Desinsectación.
b) Desinfección.
c) Esterilización.
d) Desinfestación.

5. ¿Qué insecticidas en la práctica se consideran los más importantes?

a) Asfixiantes.
b) Fumigantes.
c) Repelentes.
d) Por contacto.

6. ¿A qué grupo de insecticidas pertenece el famoso DDT?

a) Asfixiantes.
b) Fumigantes.
c) Repelentes.
d) Por contacto.

7. ¿Dónde incluirías a la aguja de Reverdin en la clasificación del instrumental quirúrgico?

a) En instrumental de Hemostasia.
b) En instrumental de sutura.
c) En instrumental de disección.
d) En instrumental de corte.

8. Dentro de la clasificación de bisturíes entra:

a) Tijeras para suturas.
b) Pinzas de Kelly.
c) Las lancetas.
d) Catgut.

9. Las pinzas utilizadas para hemostasia de menor tamaño son:

a) Pean.
b) Kelly.
c) Kocher.
d) Mosquito.

10. El instrumental quirúrgico de síntesis es el instrumental:

a) De talla o campo.
b) De sutura.
c) De hemostasia.
d) De exposición.

11. ¿Mediante qué procedimiento hoy día en los autoclaves modernos se comprueban las condiciones físicas de los aparatos?

a) Mediante impresión de los registros o gráfico directo de los registros de presión, tiempo y temperatura.
b) Mediante sensor térmico.
c) Mediante sensor de presión.
d) Mediante sensor de variables.

12. ¿Cuál de estos métodos de control no corresponde a controles físicos?

a) Los termómetros.
b) Los manómetros.
c) Los tubos testigos.
d) Los medidores de humedad.

13. ¿Dónde se colocan los indicadores colorimétricos como medio de control químico esencialmente térmico que comprueban si la esterilización ha funcionado?

a) Se colocan dentro del paquete a esterilizar y en zonas del interior del autoclave de difícil acceso.
b) Se colocan en el exterior en forma de cinta autoadhesiva y en zonas del interior del autoclave de difícil acceso.
c) Se colocan en el exterior en forma de cinta autoadhesiva y dentro del paquete.
d) Se colocan en el exterior en forma de cinta autoadhesiva, dentro del paquete y en zonas del interior del autoclave de difícil acceso.

14. ¿Qué técnicas de medio de control químico (testigo) se realizan en esterilización?

a) Técnicas azufradas.
b) Técnicas colorimétricas.
c) Técnicas olorimétricas.
d) Las respuestas a) y c) son correctas.

15. ¿De qué depende el período que dura una esterilización?

a) Depende del tipo de control biológico realizado y del tipo de envoltorio empleado.
b) Depende del tipo de envoltorio utilizado y del medio de transporte empleado.
c) Depende del tipo de envoltorio utilizado, de las condiciones de almacenamiento, del tipo de material, y del transporte empleado, entre otros.
d) Depende del tipo de control físico, químico y biológico realizado.

16. ¿Qué se emplea para el transporte del material esterilizado si es voluminoso?

a) Se utilizan grúas especiales.
b) Se utilizan carretillas abiertas.
c) Se utilizan bolsas de plástico cerradas.
d) Se utilizan carros herméticos.

17. El material esterilizado que se vaya a almacenar en las plantas debe ser utilizado en:

a) 6-12 horas.
b) 24-48 horas.
c) 48-72 horas.
d) 72-96 horas.

18. ¿Cuál es el tiempo de caducidad del material esterilizado dentro de las bolsas o papel mixto envasado doble y empleado para autoclaves?

a) De 3 meses.
b) De 6 meses.
c) De 9 meses.
d) De 12 meses.

19. ¿Cuál es el tiempo de caducidad del material esterilizado en las condiciones de triple barrera?

a) 1 mes.
b) 2 meses.
c) 3 meses.
d) 6 meses.

20. ¿Cuál es el tiempo de caducidad del material esterilizado dentro de los contenedores con protección de filtro?

a) 1 mes.
b) 2 meses.
c) 3 meses.
d) 6 meses.

En MADTEST tienes **más preguntas de este tema**, y todos tus avances quedan registrados y se reflejan en el ranking.

¡Supera tus límites con MADTEST!

Solución al test n.º 16

1. b) Agentes físicos.

2. c) No posee ningún tipo de microorganismo patógeno, ni microorganismo no patógeno, e incluso ni siquiera sus formas de resistencia.

3. b) Desinfección.

4. a) Desinsectación.

5. d) Por contacto.

6. d) Por contacto.

7. b) En instrumental de sutura.

8. c) Las lancetas.

9. d) Mosquito.

10. b) De sutura.

11. a) Mediante impresión de los registros o gráfico directo de los registros de presión, tiempo y temperatura.

12. c) Los tubos testigos.

13. d) Se colocan en el exterior en forma de cinta autoadhesiva, dentro del paquete y en zonas del interior del autoclave de difícil acceso.

14. b) Técnicas colorimétricas.

15. c) Depende del tipo de envoltorio utilizado, de las condiciones de almacenamiento, del tipo de material, y del transporte empleado, entre otros.

16. d) Se utilizan carros herméticos.

17. b) 24-48 horas.

18. d) De 12 meses.

19. c) 3 meses.

20. d) 6 meses.

TEST N.º 17

Gestión de residuos sanitarios: definición, clasificación, transporte, eliminación y tratamiento

1. La Ley 7/2022, de 8 de abril, tiene como objetivo principal:

a) Regular únicamente el transporte de mercancías peligrosas.
b) Impulsar la economía circular y mejorar la gestión de residuos.
c) Establecer normas sobre la calidad del aire.
d) Regular los recursos hídricos en España.

2. La Ley 7/2022 sustituye a:

a) La Ley 22/2011 de residuos y suelos contaminados.
b) La Ley 34/2007 de calidad del aire.
c) La Ley 26/2007 de responsabilidad medioambiental.
d) Ninguna de las anteriores.

3. Uno de los principios de la Ley 7/2022 es:

a) La reducción de plásticos de un solo uso.
b) El fomento de la incineración como primera opción.
c) La exportación de residuos sin restricciones.
d) El aumento de vertederos como medida preventiva.

4. Respecto a la Clasificación de los residuos Sanitarios, es falso:

a) Los residuos de Clase VII o Residuos Radiactivos se eliminan a través de la empresa ENRESA.
b) Los residuos de Clase V o Residuos Químicos se caracterizan como peligrosos por su contaminación química.
c) La gestión de los cadáveres y restos humanos de entidad suficiente queda regulada por los Reglamentos de Policía Sanitaria Mortuoria del Estado y de la Comunidad de Madrid.
d) Los residuos de clase VI o Residuos Citotóxicos son aquellos restos de medicamentos citotóxicos o citostáticos, sin incluir los materiales que hayan estado en contacto con ellos.

5. ¿Cuántos grupos distintos hay de Residuos Biosanitarios Especiales (Clase III)?

a) 9.
b) 8.
c) 10.
d) 7.

6. Respecto a los Residuos Biosanitarios Especiales (Clase III), ¿qué es falso?

a) El Grupo 1 contiene los residuos de pacientes con infecciones altamente virulentas, erradicadas, importadas o de muy baja incidencia en España.
b) El Grupo 3 contiene los Residuos de pacientes con infecciones de transmisión por aerosoles.
c) El Grupo 6 contiene los Cultivos y reservas de agentes infecciosos.
d) El Grupo 7 contiene los Residuos Punzantes y cortantes.

7. Los Residuos anatómicos humanos, Grupo 9, son:

a) Cantidades importantes de líquidos corporales, especialmente sangre humana.
b) Cadáveres y restos humanos de entidad suficiente, procedentes de abortos, mutilaciones y operaciones quirúrgicas.
c) Tejidos o partes del cuerpo de pequeña entidad, no conservados mediante formaldehído u otro producto químico.
d) Las respuestas b) y c) son ciertas.

8. Los Residuos anatómicos humanos, Grupo 4, son los Filtros de diálisis de pacientes portadores de algunas infecciones de transmisión sanguínea; ¿cuál de las siguientes NO se incluye?

a) VIH.
b) Hepatitis B.
c) Hepatitis C.
d) Fiebre hemorrágica vírica.

9. Respecto a la segregación y acumulación de los residuos producidos en los centros sanitarios, ¿cuál de las siguientes afirmaciones es correcta?

a) Los residuos biosanitarios asimilables a urbanos no es necesario que se separen del resto de Clases de residuos, porque no son peligrosos.
b) Los residuos citotóxicos deben acumularse separadamente del resto de Clases de residuos, en envases exclusivos para dichos residuos.
c) Los residuos biosanitarios especiales pueden asimilarse a los residuos citotóxicos si se usan recipientes exclusivos para ello.
d) La acumulación de los residuos citotóxicos en los respectivos envases debe hacerse lo más tarde posible, sobre todo si se trata de residuos punzantes o cortantes.

10. Respecto a los envases para residuos sanitarios, ¿cuál de las siguientes afirmaciones es correcta?

a) Las bolsas para Residuos Biosanitarios Asimilables a Urbanos serán de color rojo.

b) Las bolsas para los Residuos Biosanitarios Especiales serán de color verde.

c) Los envases para acumular Residuos Biosanitarios Especiales punzantes o cortantes deben señalizarse con el pictograma de Biopeligroso.

d) Los Residuos citotóxicos punzantes o cortantes deberán acumularse en envases rígidos de color amarillo.

11. Durante el depósito y traslado de los residuos, una de las siguientes afirmaciones es falsa:

a) Existen locales destinados al depósito intermedio de residuos, estos se señalizarán con el texto "Área de depósito de residuos. Prohibida la entrada a toda persona no autorizada".

b) Las bolsas y otros envases no rígidos con residuos biosanitarios especiales o asimilables a urbanos pueden amontonarse en el suelo, siempre que no molesten al paso del personal.

c) Está prohibido trasladar residuos en los ascensores destinados al personal, pacientes o público.

d) Los residuos biosanitarios asimilables a urbanos podrán trasladarse conjuntamente con los envases de residuos generales, pero separados de las restantes Clases de residuos.

12. Entre las condiciones del Área de depósito final de los residuos biosanitarios y citotóxicos, no se encuentra:

a) Cubierta y con superficies fáciles de limpiar.

b) Dotada de medios de extinción de incendios.

c) Con vías de acceso con escalones y de difícil acceso por motivos de seguridad.

d) Las aberturas al exterior estarán protegidas para evitar la entrada de insectos, roedores, etc.

13. Respecto a la frecuencia de retirada de los residuos biosanitarios especiales y citotóxicos, ¿cuál de las siguientes respuestas es correcta?

a) Será de 15 días cuando la producción media mensual de estos residuos sea de entre 20 y 150 kg.

b) Será de 30 días cuando la producción media mensual de estos residuos sea superior a 50 kg.

c) Será de 7 días cuando la producción media mensual de estos residuos sea de entre 251 y 1000 kg.

d) Será de 72 h cuando la producción media mensual de estos residuos sea superior a 100 kg.

14. Respecto a los requisitos de transporte de los residuos biosanitarios especiales y residuos citotóxicos, los vehículos deben cumplir las siguientes condiciones, excepto:

a) Estar dotados de una caja de carga abierta para evitar la acumulación de gases.
b) Las superficies internas de la caja de carga deben ser fáciles de limpiar.
c) Deben tener un sistema para contener posibles derrames de residuos.
d) Deben estar dotados de utensilios y recipientes para la recogida de pérdidas accidentales de la carga.

15. Durante el transporte de residuos, los envases no rígidos deberán transportarse en contenedores rígidos que cumplan los siguientes requisitos, excepto:

a) Estar señalizados con el pictograma de Biopeligroso solo en la tapa.
b) Deben ser altamente resistentes.
c) Deben tener tapa y cierre hermético.
d) Han de ser estancos.

16. Los residuos biosanitarios asimilables a urbanos pueden eliminarse en:

a) Vertederos controlados y autorizados.
b) Plantas de incineración autorizadas.
c) No se incineran, ya que no contienen residuos dañinos.
d) Las respuestas a) y b) son ciertas.

17. Entre las condiciones generales en la eliminación de residuos biosanitarios especiales o de residuos citotóxicos, no se encuentra:

a) Se prohíbe su reciclado o reutilización.
b) Los residuos citotóxicos deberán ser obligatoriamente incinerados.
c) La eliminación de estos residuos puede llevarse a cabo en el propio recinto de los centros sanitarios o en una instalación externa.
d) Las operaciones de valorización y eliminación de este tipo de residuos pueden ser realizadas por cualquier empresa, sin necesidad de autorización de un gestor de residuos biosanitarios especiales o citotóxicos.

18. Respecto a la eliminación de residuos biosanitarios especiales o residuos citotóxicos, una de las siguientes afirmaciones es correcta:

a) Su incineración debe cumplir las especificaciones establecidas en el RD 1217/1997, de 18 de julio, por el que se establecen normas sobre incineración de residuos peligrosos.
b) Los residuos biosanitarios especiales no pueden eliminarse mediante desinfección en autoclave convencional.
c) La incineración debe realizarse en instalaciones dedicadas exclusivamente a este tipo de residuos.
d) Para cargar el horno crematorio los operarios deben manipular directamente los residuos.

19. De las siguientes afirmaciones sobre la eliminación de residuos biosanitarios especiales mediante desinfección en autoclave convencional, solo una es correcta:

a) No será necesario separar los residuos por grupos.

b) Se realizará un análisis microbiológico mínimo semanal utilizando *B. stearothermophilus* para comprobar si se cumplen las condiciones de desinfección.

c) Únicamente podrán usarse envases cerrados herméticamente si estos contienen líquidos en cantidad suficiente para que alcancen la temperatura durante la fase de actuación del vapor.

d) Podrán dejarse residuos no desinfectados preparados en el autoclave para su tratamiento posterior al día siguiente.

20. ¿Cuál de los siguientes parámetros se debe medir en cada ciclo de desinfección, para el correcto control del funcionamiento del autoclave?

a) Presión de vacío alcanzada en la fase inicial del ciclo.

b) Temperatura durante la fase de desinfección, se realizarán como mínimo 2 medidas distintas.

c) La temperatura se medirá en un punto representativo de la temperatura media de la cámara.

d) Tiempo que tarda el autoclave en realizar el ciclo completo.

En MADTEST tienes **más preguntas de este tema**, y todos tus avances quedan registrados y se reflejan en el ranking.

¡Supera tus límites con MADTEST!

Solución al test n.º 17

1. b) Impulsar la economía circular y mejorar la gestión de residuos.

2. a) La Ley 22/2011 de residuos y suelos contaminados.

3. a) La reducción de plásticos de un solo uso.

4. d) Los residuos de clase VI o Residuos Citotóxicos son aquellos restos de medicamentos citotóxicos o citostáticos, sin incluir los materiales que hayan estado en contacto con ellos.

5. d) 7.

6. d) El Grupo 7 contiene los Residuos Punzantes y cortantes.

7. c) Tejidos o partes del cuerpo de pequeña entidad, no conservados mediante formaldehído u otro producto químico.

8. d) Fiebre hemorrágica vírica.

9. b) Los residuos citotóxicos deben acumularse separadamente del resto de Clases de residuos, en envases exclusivos para dichos residuos.

10. c) Los envases para acumular Residuos Biosanitarios Especiales punzantes o cortantes deben señalizarse con el pictograma de Biopeligroso.

11. b) Las bolsas y otros envases no rígidos con residuos biosanitarios especiales o asimilables a urbanos pueden amontonarse en el suelo, siempre que no molesten al paso del personal.

12. c) Con vías de acceso con escalones y de difícil acceso por motivos de seguridad.

13. c) Será de 7 días cuando la producción media mensual de estos residuos sea de entre 251 y 1000 kg.

14. a) Estar dotados de una caja de carga abierta para evitar la acumulación de gases.

15. a) Estar señalizados con el pictograma de Biopeligroso solo en la tapa.

16. d) Las respuestas a) y b) son ciertas.

17. d) Las operaciones de valorización y eliminación de este tipo de residuos pueden ser realizadas por cualquier empresa, sin necesidad de autorización de un gestor de residuos biosanitarios especiales o citotóxicos.

18. a) Su incineración debe cumplir las especificaciones establecidas en el RD 1217/1997, de 18 de julio, por el que se establecen normas sobre incineración de residuos peligrosos.

19. c) Únicamente podrán usarse envases cerrados herméticamente si estos contienen líquidos en cantidad suficiente para que alcancen la temperatura durante la fase de actuación del vapor.

20. c) La temperatura se medirá en un punto representativo de la temperatura media de la cámara.

Constantes vitales: concepto. Procedimiento para tomar las constantes vitales. Gráficas y balance hídrico

1. ¿En la toma de qué constante vital no hay que avisar al enfermo acerca de lo que se le va a hacer?

a) Temperatura.
b) Pulso.
c) Respiración.
d) Tensión arterial.

2. ¿Qué afirmación es incorrecta de las acciones a seguir por el TCAE, cuando se observa alguna cuestión fuera de lo normal en la toma de constantes vitales?

a) Nunca debe dejar registrado su nombre en la hoja de incidencias de enfermería pero siempre el del paciente.
b) Debe dejar constancia por escrito en la hoja de incidencias de enfermería de todo aquello que sea considerado como fuera de lo normal.
c) Debe informar objetivamente al enfermero/a responsable del paciente de todo aquello que sea considerado como fuera de lo normal.
d) Debe dejar por escrito en la hoja de incidencias de enfermería la hora a la que se ha realizado la observación y el día que ha ocurrido, así como cuál ha sido su actuación ante aquello considerado como fuera de lo normal.

3. En el área de pediatría y urgencias en hospitales se está implantando el termómetro de:

a) Columna de mercurio.
b) Columna de galio.
c) Cristal de mercurio.
d) Sensor timpánico.

4. La temperatura bucal se puede tomar en:

a) Niños menores de 6 años.
b) Pacientes en coma.

c) Pacientes con agitación psicomotriz.
d) Niños mayores de 6 años.

5. Existe taquicardia por encima de:

a) 75 pulsaciones/minuto.
b) 85 pulsaciones/minuto.
c) 95 pulsaciones/minuto.
d) 100 pulsaciones/minuto.

6. ¿Cómo se denomina aquel pulso que se percibe con facilidad y que produce gran amplitud en el vaso que se palpa?

a) Fuerte.
b) Pleno.
c) Rebotante.
d) Filiforme.

7. El pulso central o apical se toma:

a) En la punta del corazón.
b) En la zona central del muslo.
c) En el cuello (es sinónimo del yugular).
d) En la zona central del brazo.

8. ¿Cuál de estas consideras una razón sustancial y etiopatogénica para tomar el pulso?

a) Para valorar la frecuencia, el ritmo, el volumen y la tensión del pulso, que pueden reflejar un problema general.
b) Para identificar a un sujeto.
c) Para valorar el estado de salud del sujeto.
d) Para conocer la edad del individuo.

9. ¿Cuál de estas es considerada una posición adecuada para tomar el pulso?

a) Posición de bipedestación.
b) Posición de sentado.
c) Posición de decúbito prono.
d) Son válidas las respuestas a) y b).

10. La ausencia de respiración se denomina:

a) Apnea.
b) Hipernea.

c) Ortopnea.
d) Ripnea.

11. La serie de respiraciones irregulares en profundidad, interrumpidas por intervalos de apnea se denomina respiración de:

a) Biot.
b) Bouchut.
c) Kussmaul.
d) Cheyne-Stokes.

12. ¿En qué tipo de gráficas existe un apartado también para la medicación?

a) En Gráficas mensuales.
b) En Gráficas semanales.
c) En Gráficas ordinarias.
d) En Gráficas especiales.

13. En ausencia de patología, en el ritmo respiratorio normal la fase inspiratoria es más corta que la espiratoria en una proporción:

a) 2:1.
b) 3:1.
c) 4:1.
d) 5:1.

14. En un adulto joven y sano la presión sistólica es de:

a) 180 mmHg.
b) 155 mmHg.
c) 130 mmHg.
d) 100 mmHg.

15. La temperatura ambiente a la hora de tomar la tensión arterial debe estar sobre los:

a) 10 ºC.
b) 22 ºC.
c) 30 ºC.
d) 35 ºC.

16. La hipotensión postural se denomina también:

a) Idiopática.
b) Esencial.
c) Ortostática.
d) Paradójica.

17. Los valores normales para la vena cava de PVC es de:

a) 0 y 4 cm de H_2O.
b) 2 y 6 cm de H_2O.
c) 6 y 12 cm de H_2O.
d) 14 a 20 cm de H_2O.

18. ¿Cuál es el componente más importante del cuerpo humano?

a) El sodio.
b) El postasio.
c) El agua.
d) La sal.

19. El espacio situado entre las células se denomina espacio:

a) Extracelular.
b) Intracelular.
c) Intersticial.
d) Intravascular.

20. ¿Cuál es el catión más abundante en el espacio intracelular?

a) Sodio.
b) Hidrógeno.
c) Potasio.
d) Cloruro.

En MADTEST tienes **más preguntas de este tema**, y todos tus avances quedan registrados y se reflejan en el ranking.

¡Supera tus límites con MADTEST!

Solución al test n.º 18

1. c) Respiración.

2. a) Nunca debe dejar registrado su nombre en la hoja de incidencias de enfermería pero siempre el del paciente.

3. d) Sensor timpánico.

4. d) Niños mayores de 6 años.

5. d) 100 pulsaciones/minuto.

6. b) Pleno.

7. a) En la punta del corazón.

8. a) Para valorar la frecuencia, el ritmo, el volumen y la tensión del pulso, que pueden reflejar un problema general.

9. b) Posición de sentado.

10. a) Apnea.

11. a) Biot.

12. d) En Gráficas especiales.

13. b) 3:1.

14. c) 130 mmHg.

15. b) 22 ºC.

16. c) Ortostática.

17. c) 6 y 12 cm de H_2O.

18. c) El agua.

19. c) Intersticial.

20. c) Potasio.

TEST N.º 19

Muestras biológicas: concepto de muestra. Diferentes tipos de muestra biológica. Procedimientos para tomar muestras; manipulación, transporte y conservación

1. ¿Qué tipo de envase se emplea para recoger la muestra resultante de una punción capilar?

a) Frascos de boca estrecha.
b) Hisopos.
c) Frascos de llenado por vacío.
d) Microtubos.

2. ¿Qué procedimiento de toma de muestra se emplea más habitualmente cuando estas se llevan a cabo tanto en orificios naturales como en heridas?

a) Mediante frasco de boca ancha.
b) Mediante hisopo.
c) Mediante bolsa de recogida de orina o análogo.
d) Mediante frasco de boca estrecha.

3. ¿Qué medio evita la desecación y muerte de los microorganismos recogidos con un hisopo estéril?

a) El medio de Schwann.
b) El medio de Petri.
c) El medio de Stuart.
d) El medio de Lindor.

4. ¿Qué se puede hacer para evitar una excesiva proliferación bacteriana en una toma de muestra y que así no se altere sustancialmente su resultado analítico?

a) Realizarla con premura, ya que no admite demora.
b) Refrigerando la muestra en los casos necesarios.
c) No se suele hacer nada en particular.
d) Son ciertas las respuestas a) y b).

5. ¿Qué se debe identificar y comprobar antes de los procedimientos de toma de muestra?

a) Usuario al que se le van a realizar los procedimientos.
b) Impresos y protocolos de petición analítica.
c) Requerimientos y preparación previa del paciente.
d) Todo lo anterior.

6. En la fase preanalítica de la muestra de sangre, se da hemodilución si coexiste:

a) Hipovolemia y oligosistemia.
b) Hipovolemia e hipersistemia.
c) Hipervolemia y oligosistemia.
d) Hipervolemia e hipersistemia.

7. Generalmente un hemocultivo se acompaña de:

a) Urocultivo.
b) Coprocultivo.
c) Antibiograma.
d) Todo lo anterior.

8 ¿Qué aditivos poseen las muestras biológicas sanguíneas en las que el tubo posee tapón azul?

a) Gel.
b) Citrato de sodio.
c) Oxalato potásico.
d) ACD.

9. El personal que realiza la técnica de extracción de sangre venosa es:

a) El facultativo.
b) El hematólogo.
c) El diplomado de enfermería.
d) El auxiliar de enfermería.

10. ¿Qué anticoagulante se emplea más habitualmente en los útiles y frascos empleados para las tomas de muestras sanguíneas, esencialmente empleadas en gasometría arterial?

a) Heparina.
b) Penicilina.
c) Metotrexate.
d) Clorhídrico.

11. ¿A qué puede deberse la presencia de una orina de coloración negra o marrón oscura en una muestra?

a) A sangre oculta.
b) A metahemoglobina o melanina o enfermo alcaptonúrico.
c) A carboxihemoglobina o melatonina o enfermo de patología de Harnup.
d) A oxihemoglobina o melatonina.

12. ¿Cómo se denomina el estudio microbiológico de heces mediante cultivo?

a) Hemocultivo.
b) Urocultivo.
c) Coprocultivo.
d) Cultivo de Hiss.

13. ¿Qué no debe tomarse o comer durante días previos a un estudio de sangre oculta en heces para realizar adecuadamente el procedimiento de toma de muestra de la misma?

a) Aspirina.
b) Alimentos picantes.
c) Tomates y rábanos.
d) No debe tomarse nada de lo anterior.

14. Respecto a la toma de muestra de esputos todo lo que se expone es cierto, excepto que:

a) Se puede evitar la contaminación de la muestra recomendando al enfermo que se lave la boca con solución salina o agua templada antes de proceder a la recogida.
b) Se puede evitar la contaminación de la muestra tomando antiséptico justo antes de la toma de muestra.
c) La toma de muestra posee gran facilidad de contaminación por la flora orofaríngea.
d) Si es difícil conseguir que el enfermo expectore, se le puede ayudar colocándole en la posición más adecuada para el drenaje.

15. ¿Qué forma es la más correcta de obtener la muestra en heridas con exudados y pus, para su posterior estudio?

a) Mediante gasas hipoalérgicas.
b) Mediante parches adhesivos.
c) Mediante aspirado con aguja y jeringa.
d) Mediante escopia cutánea.

16. ¿En qué circunstancias la presión del LCR estará disminuida?

a) Infarto cerebral.
b) Tumor o quiste intracraneal.
c) Deshidratación.
d) Hematoma subdural.

17. ¿Qué procedimiento se llevará a cabo en la toma de muestra de secreciones de senos paranasales?

a) Mediante hisopo.
b) Mediante torunda.
c) Mediante punción del seno.
d) Mediante aspirado transtraqueal.

18. Ante la sospecha en piel de infección por hongo, la toma de muestra se efectuará mediante:

a) Aspiración.
b) Uso de hisopo.
c) Raspado con bisturí o lanceta.
d) Uso de torunda húmeda.

19. Si es por lesión del lecho ungueal para la muestra de uña se utilizará:

a) Frasco de boca ancha.
b) Hisopo.
c) Frasco de boca mediana.
d) Frasco de boca estrecha.

20. ¿Cómo se toma la muestra en cabello ante la sospecha de micosis?

a) Arrancado de varios pelos con pinzas y guardado en recipiente estéril.
b) Uso de hisopo.
c) Raspado con bisturí o lanceta.
d) Uso de torunda húmeda.

Solución al test n.º 19

1. d) Microtubos.

2. b) Mediante hisopo.

3. c) El medio de Stuart.

4. d) Son ciertas las respuestas a) y b).

5. d) Todo lo anterior.

6. c) Hipervolemia y oligosistemia.

7. c) Antibiograma.

8. b) Citrato de sodio.

9. c) El diplomado de enfermería.

10. a) Heparina.

11. b) A metahemoglobina o melanina o enfermo alcaptonúrico.

12. c) Coprocultivo.

13. d) No debe tomarse nada de lo anterior.

14. b) Se puede evitar la contaminación de la muestra tomando antiséptico justo antes de la toma de muestra.

15. c) Mediante aspirado con aguja y jeringa.

16. c) Deshidratación.

17. c) Mediante punción del seno.

18. c) Raspado con bisturí o lanceta.

19. b) Hisopo.

20. a) Arrancado de varios pelos con pinzas y guardado en recipiente estéril.

TEST N.º 20

Atención de los pacientes en las necesidades de higiene: concepto, higiene general y parcial, higiene del paciente encamado; técnica de higiene capilar. Higiene de los neonatos y de los lactantes

1. ¿Qué elemento o elementos anatómicos de estos no pertenece al sistema tegumentario?

a) Piel.
b) Pelos.
c) Uñas.
d) Cartílagos.

2. El tejido celular subcutáneo de la piel se denomina:

a) Dermis.
b) Hipodermis.
c) Epidermis.
d) Tejido de Malpighio.

3. ¿Dónde no hay glándulas sebáceas?

a) En axilas.
b) En plantas del pie y palmas de las manos.
c) En cuero cabelludo.
d) En cara.

4. ¿Cómo se denomina la parte de las uñas que se observa en sus zonas proximales en forma de zona blanquecina semicircular?

a) Cutícula.
b) Lúnula.
c) Bulbo.
d) Médula.

5. ¿Cómo se denomina la lesión primaria de la piel, elevada, circunscrita, infiltrada, producida por inflamación crónica y que deja cicatriz cuando resuelve?

a) Tubérculo.
b) Roncha.
c) Habón.
d) Vesícula.

6. ¿Qué lesión elemental primaria de la piel es aquella que se manifiesta sobreelevada y de contenido sólido, inferior a 1 cm de diámetro?

a) Pápula.
b) Mácula.
c) Púrpura.
d) Ampolla.

7. ¿Qué lesión secundaria y elemental de la piel es producida por desecación de exudados o sangre?

a) Pústula.
b) Escama.
c) Costra.
d) Liquenificación.

8. Una erosión en la piel se define como aquella lesión elemental que se manifiesta como:

a) Una pérdida superficial de la epidermis que cura sin cicatriz.
b) Una solución de continuidad que afecta a epidermis y dermis papilar.
c) Una pérdida de sustancia que afecta a epidermis, dermis y tejido subcutáneo.
d) Una pequeña elevación cutánea parecida a la ampolla pero contiene en su interior pus.

9. ¿Qué dermatosis es muy frecuente en adolescencia (hasta en el 80 %)?

a) Acné.
b) Psoriasis.
c) Vitíligo.
d) Forúnculos.

10. ¿Qué infección de la piel es vírica?

a) Psoriasis.
b) Herpes simple.
c) Forúnculo.
d) Escabiosis.

11. La denominada vulgarmente como "ladilla" la ocasiona:

a) *Pediculis humanus capitis.*
b) *Pediculis humanus corporis.*
c) *Phthirus pubis.*
d) *Pediculis scrotae.*

12. La escabiosis es otra denominación de:

a) La sarna.
b) La pediculosis.
c) La psoriasis.
d) El nevus cutáneo.

13. La afección de la piel conocida como "manchas vino de Oporto" se corresponde a:

a) Nevus azul.
b) Angiomas planos.
c) Angiomas cavernosos.
d) Nevus melanocítico congénito o adquirido.

14. ¿Qué es falso del melanoma?

a) Es un tumor maligno de la piel.
b) Se da más frecuentemente en sujetos de piel oscura o morena intensa, sin necesidad de exponerse al sol.
c) Es un melanoma con poca o nada de pigmentación es un factor de mal pronóstico.
d) Es más frecuentes en mujeres.

15. ¿Qué baño es aquel que, aun conservando la movilidad, el paciente no puede levantarse, por lo que él asume su higiene siendo auxiliado en caso necesario por la enfermera?

a) Baño completo en la cama.
b) Baño en la cama.
c) Baño parcial.
d) Baño kinestésico.

16. ¿Qué elementos o materiales necesarios para el aseo del paciente son de lavado?

a) Hule.
b) Manta de baño.
c) Esponjas y guantes.
d) Cuña.

17. El lavado de cabellos del paciente debe realizarse aproximadamente:

a) Todos los días.
b) Cada tres días.
c) Una vez a la semana.
d) Depende de la suciedad que este tenga.

18. ¿Cuál debe ser la temperatura del agua para el baño, si se realiza la técnica del baño completo en la cama?

a) 180 °C.
b) 22-24 °C.
c) 30-32 °C.
d) 37-40 °C.

19. ¿En qué posición debe colocarse al paciente para llevar a cabo la higiene del cabello?

a) En posición de Trendelenburg.
b) En posición de Roser o Proetz.
c) En posición de Morestín.
d) En posición de Sims.

20. ¿Qué zona de la uña indica la incógnita de la imagen?

a) Placa ungueal.
b) Lúnula.
c) Eponiquio.
d) Cutícula.

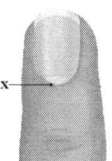

En MADTEST tienes **más preguntas de este tema**, y todos tus avances quedan registrados y se reflejan en el ranking.

¡Supera tus límites con MADTEST!

Solución al test n.º 20

1. d) Cartílagos.

2. b) Hipodermis.

3. b) En plantas del pie y palmas de las manos.

4. b) Lúnula.

5. a) Tubérculo.

6. a) Pápula.

7. c) Costra.

8. a) Una pérdida superficial de la epidermis que cura sin cicatriz.

9. a) Acné.

10. b) Herpes simple.

11. c) *Phthirus pubis*.

12. a) La sarna.

13. b) Angiomas planos.

14. b) Se da más frecuentemente en sujetos de piel oscura o morena intensa, sin necesidad de exponerse al sol.

15. b) Baño en la cama.

16. c) Esponjas y guantes.

17. c) Una vez a la semana.

18. d) 37-40 ºC.

19. b) En posición de Roser o Proetz.

20. c) Eponiquio.

TEST N.º 21

Atención de los pacientes en las necesidades de eliminación: diuresis y defecación; tipo de enema, administración de enemas. Conocimientos y actividades de colaboración para hacer sondajes de los aparatos urinario, digestivo y rectal

1. La dentina del diente está protegida por:

a) La pulpa.
b) El cuello.
c) El cemento.
d) Ninguna opción es correcta.

2. Los dientes que presentan una corona de forma cónica o puntiaguda y raíz simple son:

a) Caninos.
b) Incisivos.
c) Premolares.
d) Molares.

3. La dentición definitiva consta de:

a) 20 piezas.
b) 32 piezas.
c) 38 piezas.
d) 28 piezas.

4. Pieza dentaria con corona de borde cortante y raíz única. Se trata de un:

a) Canino.
b) Premolar.
c) Incisivo.
d) Molar.

5. Respecto a la dentición, se puede afirmar que:

a) La dentición temporal consta de 32 piezas.
b) Los premolares no están presentes en la dentición temporal.
c) Existen dos premolares en cada hemiarcada dentaria, cuando se trata de una dentición de leche.
d) Los molares poseen una sola raíz.

6. El cardias:

a) Es una válvula cardiaca.
b) Es un esfínter situado entre el esófago y el estómago.
c) Es un esfínter localizado entre el estómago y el duodeno.
d) Es una válvula situada entre la aurícula derecha y ventrículo del mismo lado en el corazón.

7. El píloro:

a) Es un esfínter anatómico y funcional.
b) Separa el antro pilórico del estómago de la primera porción del intestino delgado (duodeno).
c) Es un esfínter anatómico pero no funcional.
d) Las opciones a) y b) son correctas.

8. De los siguientes tipos de células, ¿cuáles son las encargadas de producir el denominado factor intrínseco de Castle?

a) Células parietales.
b) Células principales.
c) Células duodenales.
d) Células secundarias.

9. Las células principales del estómago son productoras de:

a) Pepsina.
b) ClH.
c) Factor intrínseco.
d) Mucina.

10. Las células parietales del estómago son productoras de (indique la incorrecta):

a) Ácido clorhídrico.
b) Factor intrínseco.
c) ClH.
d) Pepsina.

11. El enema moliente está compuesto de:

a) Agua y sal.
b) Aceite de oliva puro.
c) Agua y glicerina.
d) Sustancias nutritivas.

12. El enema opaco es un enema:

a) De limpieza.
b) Alimenticio.
c) De retención.
d) Para matar o inactivar microorganismos.

13. En la historia clínica de un paciente de la unidad de digestivo se prescribe la realización del denominado enema baritado; ¿para qué se utiliza este tipo de enema?

a) Para lubricar la mucosa del recto.
b) Para introducir medicamentos.
c) Para facilitar el diagnóstico de determinadas patologías.
d) Para extraer fecalomas.

14. La posición para administrar un enema de limpieza es:

a) Trendelenburg.
b) Sims.
c) Fowler.
d) Genupectoral.

15. Las características de las heces en una colostomía ascendente son:

a) Son semilíquidas y continuas.
b) Van de semilíquido a sólido y con una frecuencia de eliminación de 1 a 2 veces al día.
c) Son sólidas y con una frecuencia de eliminación de 1 a 2 veces al día.
d) Las mismas características que la colostomía sismoidea.

16. ¿Cuál de los siguientes alimentos provocará más olor en las heces de un paciente con una colostomía?

a) Coliflor.
b) Mantequilla.
c) Yogurt.
d) Cítricos.

17. El tipo de urostomía que consiste en la implantación o inserción de un catéter en la pelvis renal se llama:

a) Ureterostomía cutánea.
b) Ureteroileostomía.
c) Nefrostomía.
d) Citostomía.

18. Entre las complicaciones de los estomas, aquella que se caracteriza por presentar un estoma elongado y edematoso con retorno deficiente de la solución de irrigación se denomina:

a) Prolapso.
b) Retracción.
c) Ulceración.
d) Herniación.

19. ¿Cuál de las siguientes estructuras de la nefrona está situada en la corteza renal?

a) Cápsula de Bowman.
b) Asa de Henle.
c) Túbulo colector.
d) A y b son correctas.

20. La unidad estructural y funcional del riñón recibe el nombre de:

a) Corpúsculo renal.
b) Cáliz renal.
c) Nefrona.
d) Asa de Henle.

En MADTEST tienes **más preguntas de este tema**, y todos tus avances quedan registrados y se reflejan en el ranking.

¡Supera tus límites con MADTEST!

Solución al test n.º 21

1. c) El cemento.

2. a) Caninos.

3. b) 32 piezas.

4. c) Incisivo.

5. b) Los premolares no están presentes en la dentición temporal.

6. b) Es un esfínter situado entre el esófago y el estómago.

7. d) Las opciones a) y b) son correctas.

8. a) Células parietales.

9. a) Pepsina.

10. d) Pepsina.

11. b) Aceite de oliva puro.

12. c) De retención.

13. c) Para facilitar el diagnóstico de determinadas patologías.

14. b) Sims.

15. a) Son semilíquidas y continuas.

16. a) Coliflor.

17. c) Nefrostomía.

18. a) Prolapso.

19. a) Cápsula de Bowman.

20. c) Nefrona.

TEST N.º 22

Atención de los pacientes en las necesidades de alimentación: clasificación de los alimentos; tipos de dieta; vías de alimentación; manipulación y administración de alimentos (alimentación enteral); alimentación por sonda nasogástrica y atenciones especiales a pacientes intubados. La alimentación de los lactantes

1. ¿A qué se denomina la forma y manera de proporcionar al organismo los alimentos que le son indispensables?

a) Nutrición.
b) Alimentación.
c) Metabolismo.
d) Asimilación.

2. ¿Cómo se denominan los alimentos que están destinados fundamentalmente a la formación y renovación de los tejidos humanos, tanto en la fase de construcción o crecimiento como en la renovación de tejidos en los adultos?

a) Energéticos.
b) Vitamínicos.
c) Plásticos.
d) Reguladores.

3. ¿Qué alimentos son aquellos cuya composición principal son las proteínas y el calcio?

a) Alimentos reguladores.
b) Alimentos biocatalizadores.
c) Alimentos energéticos.
d) Alimentos plásticos.

4. Las frutas pertenecen en la nueva rueda de alimentos al grupo:

a) VI.
b) V.
c) IV.
d) III.

5. La base de la pirámide de alimentación saludable está compuesta de:

a) Recomendaciones de estilos de vida saludable (equilibrio emocional, actividad física diaria, ingesta adecuada de agua…).
b) Tomar alimentos de la dieta mediterránea.
c) Alimentos de consumo opcional y moderado.
d) Alimentos de consumo variado y diario.

6. La ingesta adecuada de agua diaria está en torno a los:

a) 1,5 litros.
b) 2 litros.
c) 2,5 litros.
d) 3,5 litros.

7. La regla de las tres erres, también conocida como 3R se aplican a la alimentación:

a) Variable.
b) Opcional.
c) Sostenible.
d) Saludable.

8. ¿Quién pone directamente en marcha y desarrolla la estrategia NAOS?

a) La Sociedad Española de Nutrición Comunitaria (SENC).
b) La Agencia Española de Seguridad Alimentaria y Nutrición (AESAN).
c) La Secretaría de Estado de Consejos dietéticos, mediante el programa EDALNU del Ministerio de Sanidad.
d) El Ministerio de Innovación, Desarrollo e Industria.

9. ¿Qué carne de estas consideras con más grasa?

a) La carne de cordero.
b) La carne de ternera.
c) La carne de conejo.
d) La carne de caballo.

10. ¿Cuál es la unidad de energía tradicionalmente empleada en nutrición y que sigue usándose con carácter generalizado?

a) El julio (J).
b) La Caloría grande (Cal).
c) El grado centígrado (ºC).
d) El ergio (erg).

11. Empleando la fórmula de Harris y Benedict del metabolismo basal diremos que un varón de 35 kg de peso, 1,40 m de talla y 11 años de edad, será aproximadamente de:

a) 700.
b) 850.
c) 1100.
d) 2100.

12. ¿Qué factor se estos es el que más influye en la multiplicación de microorganismos?

a) Las calorías de los alimentos.
b) La temperatura del medio.
c) La presión atmosférica.
d) La presencia o no de otros gérmenes.

13. ¿Qué agentes bióticos de los siguientes son mas productores de toxiinfecciones alimentarias?

a) Hongos.
b) Bacterias.
c) Protozoos.
d) Parásitos.

14. ¿Cuál es la fuente más importante de contaminación de intoxicaciones químicas de origen alimentario de forma directa sobre frutas y verduras que ingerimos, o indirecta tras la ingesta de lo anterior de animales?

a) El estiércol de origen animal.
b) Los mercuriales.
c) Los insecticidas.
d) El riego con agua contaminada.

15. ¿Qué aminoácido es esencial?

a) Prolina.
b) Cisteína.

c) Triptófano.
d) Alanina.

16. ¿Qué principios inmediatos son sustancias energéticas?

a) Grasas.
b) Grasas y proteínas.
c) Azúcares y proteínas.
d) Grasas y azúcares.

17. ¿Cuál de estos nutrientes se considera micronutriente (imprescindibles en pequeñas cantidades)?

a) Vitaminas.
b) Azúcares.
c) Proteínas.
d) Grasas.

18. El retinol es un constituyente de la vitamina:

a) Vitamina A.
b) Vitamina B_2.
c) Vitamina C.
d) Vitamina D.

19. ¿Con qué término se corresponde esta definición: «la técnica y el arte de utilizar los alimentos de la forma adecuada, partiendo del conocimiento profundo del organismo humano y de los alimentos, para proponer y promover formas de alimentación, variada, suficiente y equilibrada»?

a) Dietoterapia.
b) Nutrición.
c) Bromatología.
d) Dietética.

20. Un IMC (índice de Masa Corporal) de 27, según Garrow, estaría en el grado de obesidad:

a) No obesidad.
b) Leve.
c) Moderada.
d) Grave.

En MADTEST tienes **más preguntas de este tema**, y todos tus avances quedan registrados y se reflejan en el ranking.

¡Supera tus límites con MADTEST!

Solución al test n.º 22

1. b) Alimentación.

2. c) Plásticos.

3. d) Alimentos plásticos.

4. a) VI.

5. a) Recomendaciones de estilos de vida saludable (equilibrio emocional, actividad física diaria, ingesta adecuada de agua…).

6. c) 2,5 litros.

7. c) Sostenible.

8. b) La Agencia Española de Seguridad Alimentaria y Nutrición (AESAN).

9. a) La carne de cordero.

10. b) La Caloría grande (Cal).

11. c) 1100.

12. b) La temperatura del medio.

13. b) Bacterias.

14. c) Los insecticidas.

15. c) Triptófano.

16. d) Grasas y azúcares.

17. a) Vitaminas.

18. a) Vitamina A.

19. d) Dietética.

20. b) Leve.

Atención de los pacientes en las necesidades de movilización: movilidad e inmovilidad física; factores que afectan a la movilidad. Ergonomía: técnicas de movilización, de deambulación y de traslado. Posiciones corporales. Riesgo de caídas: medidas preventivas. Uso correcto de los dispositivos de ayuda

1. Los ejes longitudinal y sagital forman el plano:

a) Frontal.
b) Transversal.
c) Horizontal.
d) Sagital.

2. ¿Qué posición es de mucha utilidad en las embarazadas para evitar el "síndrome de hipotensión en decúbito supino" que se produce como consecuencia de la compresión del útero sobre la vena cava inferior?

a) Decúbito dorsal.
b) Decúbito lateral izquierdo o derecho.
c) Decúbito prono.
d) Decúbito ventral.

3. La posición mahometana es:

a) La posición de litotomía.
b) La posición de Fowler.
c) La posición de Morestin.
d) La posición genupectoral.

4. ¿Cómo se denomina el movimiento de alejamiento del plano medio?

a) Flexión.
b) Eversión.
c) Abducción.
d) Rotación.

5. ¿Qué hueso es corto?

a) Ganchoso.
b) Peroné.
c) Tibia.
d) Cúbito.

6. ¿En qué zona de un hueso largo se sitúa el cartílago de crecimiento?

a) En la metáfisis.
b) En la diáfisis.
c) En la epífisis.
d) En la difisilis.

7. La disminución de la densidad ósea se denomina:

a) Hipoosia.
b) Osteomalacia.
c) Osteocia.
d) Osteonecrosis.

8. Las superficies de contacto entre dos huesos próximos se denominan:

a) Articulaciones.
b) Cavidad articular.
c) Ligamentos.
d) Espacio óseo.

9. Las articulaciones en "silla de montar" son las:

a) Enartrosis.
b) Artrodiales.
c) Encaje recíproco.
d) Condíleas.

10. ¿Qué paquete muscular de estos no pertenece al cuádriceps crural?

a) Recto interno.
b) Vasto externo.
c) Vasto interno.
d) Crural.

11. ¿Qué enfermedad de estas está asociada clínicamente a la presencia de autoanticuerpos en el organismo de quién la padece?

a) Artritis gotosa.
b) Osteosarcoma.

c) Artrosis.
d) Lupus eritematoso sistémico.

12. ¿Qué causa física del inmovilismo es fisiológica?

a) La artrosis.
b) La osteoporosis.
c) La enfermedad de Parkinson.
d) Las producidas por el envejecimiento de las personas.

13. Las úlceras por presión se evitan:

a) Con una sistemática de cambios posturales frecuentes.
b) La necesidad de una aplicación adecuada de buenas posiciones no es prioritaria.
c) Tomando todos los días la medicación recomendada.
d) Son ciertas las respuestas a) y c).

14. ¿Qué es lo primero a efectuar antes de hacer un traslado?

a) Indicar al paciente qué vas a hacer.
b) Presentarte a la supervisora e indicarle tu misión.
c) Hacer traslado con seguridad y bienestar para el paciente si no es urgente.
d) Esperar a que la persona responsable se haga cargo del paciente en destino.

15. ¿Qué finalidad poseen los ejercicios isométricos?

a) Ayudar a preparar a la persona que ha estado tiempo encamada a deambular.
b) Fortalecer y tonificar los músculos.
c) Ayudar a preparar a la persona que ha estado tiempo en sedestación a deambular.
d) Nada de lo anterior es cierto.

16. ¿Qué indicaciones son las más frecuentes de las muletas de aluminio?

a) Esguinces.
b) Enfermos tetrapléjicos.
c) Enfermos parapléjicos.
d) Son ciertas las respuestas b) y c).

17. ¿Cuál de estas ayudas es autoestable?

a) Pasamanos.
b) Barras paralelas.
c) Bastones multipodales.
d) Ninguna de las anteriores.

18. ¿Qué define la OMS como la consecuencia de cualquier acontecimiento que precipita al paciente al suelo en contra de su voluntad?

a) Traumatismo.
b) Suicidio.
c) Caída.
d) Accidente.

19. ¿Cómo se denominan los factores de riesgo de caídas que están relacionados con las condiciones generales del propio individuo?

a) Constitucionales.
b) Extrínsecos.
c) Intrínsecos.
d) Precipitantes.

20. ¿Qué es lo primero que hay que hacer ante la realidad de que la caída se ha producido?

a) Evaluación de la misma.
b) Intervenir modificando los elementos desencadenantes.
c) Intervenir modificando los elementos precipitantes.
d) Realizar un croquis de las circunstancias.

21. ¿Cuál es la posición en la que el enfermo se encuentra acostado sobre su abdomen y pecho, es decir, tumbado boca abajo?

a) Decúbito lateral derecho.
b) Decúbito dorsal.
c) Decúbito prono.
d) Decúbito supino.

22. El tercio medio de un hueso largo se denomina:

a) Metáfisis.
b) Diáfisis.
c) Epífisis.
d) Diálisis.

23. Las suturas son:

a) Patologías óseas observadas cuando falta calcio en los huesos, sin causa alguna.
b) Patologías óseas observadas cuando falta calcio en los huesos, debido al déficit de vitamina D.

c) Las articulaciones que existen entre los huesos del cráneo.

d) Las zonas membranosas que forman oquedad en los huesos de la cabeza, durante la infancia.

24. ¿Cómo se denominan los dispositivos metálicos que por medio de una bomba hidráulica y de determinados complementos, permiten la elevación, transporte y acomodamiento de personas en diferentes lugares (cama, baño, etc.)?

a) Rueda de hombros.
b) Grúas.
c) Bipedestadores.
d) Jaula de Böhler.

25. ¿Cuántos kg se aplican en una extremidad en la tracción cutánea para obtener el efecto terapéutico?

a) 2 a 3.
b) 3 a 6.
c) 4,5 a 8.
d) 7 a 12.

En MADTEST tienes **más preguntas de este tema**, y todos tus avances quedan registrados y se reflejan en el ranking.

¡Supera tus límites con MADTEST!

Solución al test n.º 23

1. d) Sagital.

2. b) Decúbito lateral izquierdo o derecho.

3. d) La posición genupectoral.

4. c) Abducción.

5. a) Ganchoso.

6. a) En la metáfisis.

7. c) Osteocia.

8. a) Articulaciones.

9. c) Encaje recíproco.

10. a) Recto interno.

11. d) Lupus eritematoso sistémico.

12. d) Las producidas por el envejecimiento de las personas.

13. a) Con una sistemática de cambios posturales frecuentes.

14. b) Presentarte a la supervisora e indicarle tu misión.

15. b) Fortalecer y tonificar los músculos.

16. a) Esguinces.

17. c) Bastones multipodales.

18. c) Caída.

19. c) Intrínsecos.

20. a) Evaluación de la misma.

21. c) Decúbito prono.

22. b) Diáfisis.

23. c) Las articulaciones que existen entre los huesos del cráneo.

24. b) Grúas.

25. a) 2 a 3.

TEST N.º 24

Reanimación cardiopulmonar básica. Soporte vital básico. Conceptos de urgencia y emergencia. Desfibrilación externa automática (DEA). Primeros auxilios en situaciones críticas. Carro de paradas: reposición y mantenimiento del material

1. Consideramos que lo ideal sería que supieran técnicas de RCP:

a) Todo el personal sanitario.
b) Todo el personal de primera intervención.
c) Todos los ciudadanos.
d) Todo el personal que trabaje en un servicio sanitario.

2. El estilo Utstein en el soporte vital básico es:

a) Un acuerdo a nivel mundial para consensuar definiciones relacionadas con la RCP.
b) La principal asociación de indicaciones en RCP a nivel europeo.
c) La secuencia de actuación correcta ante una emergencia clínica.
d) Todas son ciertas.

3. El primer eslabón de la cadena de supervivencia es:

a) RCP básica.
b) Desfibrilación precoz.
c) Activación de los servicios de emergencia.
d) Soporte vital avanzado.

4. El número seleccionado en toda Europa para la activación de los servicios de emergencias es:

a) 112.
b) 061.
c) 060.
d) 092.

5. La causa más frecuente de parada cardiorrespiratoria en adultos es:

a) Torsades de pointes.
b) FV.
c) FA.
d) Enfermedad terminal.

6. Para despejar la vía aérea usaremos la técnica de:

a) Tracción mandibular.
b) VOS.
c) Insuflaciones.
d) Dedo en gancho.

7. La secuencia correcta entre MCE (masaje cardiaco externo) e insuflaciones es de:

a) 30/2.
b) 15/2.
c) 30/1.
d) Depende del número de reanimadores.

8. ¿Cuál de las siguientes afirmaciones sobre el boca a boca es falsa?

a) Debemos tapar los orificios nasales.
b) Debemos sellar la boca del paciente con nuestra boca.
c) Se realizarán 2 insuflaciones cada 30 compresiones.
d) Se realizará una insuflación profunda para mejorar la oxigenación.

9. Consideraremos una obstrucción como parcial si:

a) El paciente no se encuentra atragantado.
b) El paciente puede respirar y toser.
c) El paciente no puede toser.
d) El paciente se encuentra consciente.

10. Ante una hemorragia:

a) Deberemos dar agua para reponer el volumen perdido.
b) Deberemos usar un torniquete.
c) Deberemos hacer compresión sobre la herida.
d) Deberemos aplicar calor seco.

11. La cánula de Guedel:

a) Es una cánula orofaríngea.
b) Se utiliza para mantener la vía aérea permeable.

c) Es un tubo de plástico abierto en su interior.
d) Todas las respuestas son ciertas.

12. Es un ritmo desfibrilable:

a) TVSP.
b) Asistolia.
c) Sinusal.
d) Bloqueo completo.

13. Si está indicada la descarga con el desfibrilador deberemos estar seguros de que:

a) El ritmo es desfibrilable.
b) El nivel de julios es el correcto.
c) Nadie toca al paciente.
d) El DESA tiene baterías.

14. ¿Cuándo se suspende la RCP básica?

a) Cuando la valoración nos indica que el paciente presenta una PCR.
b) Cuando el paciente necesita una descarga eléctrica.
c) Cuando el reanimador está exhausto.
d) Todas las respuestas son ciertas.

15. En los niños las técnicas de RCP se inician con:

a) 30 compresiones.
b) 2 ventilaciones.
c) 5 ventilaciones.
d) 15 compresiones.

16. La secuencia ideal entre compresiones y ventilaciones en los niños es de:

a) 30/2.
b) 15/2.
c) 30/1.
d) 15/5.

17. La realización de la RCP en niños debe hacerse con el niño:

a) En PLS.
b) En decúbito prono sobre una superficie dura.
c) En decúbito supino sobre una superficie dura.
d) En la posición en la que nos encontramos al paciente evitando la movilización.

18. El área de compresión en los lactantes:

a) Es en la línea intermamilar, sobre el esternón.
b) Es en el mismo lugar que en los adultos.
c) Es con 3 dedos sobre la apófisis xifoides.
d) Es justo bajo la apófisis xifoides.

19. No se considera material para la apertura de la vía aérea:

a) Pinzas de Magill.
b) Guía de tubo.
c) Tubos orofaríngeos.
d) Tabla de RCP.

20. El sulfato de magnesio es:

a) Una catecolamina.
b) Un anticolinérgico.
c) Un antiarrítmico.
d) Un depresor del SNC.

21. En RCP consideramos finalizado el proceso si:

a) Se mantiene la circulación espontánea durante 20 minutos.
b) Llegan los servicios de emergencias extrahospitalaria.
c) Aparece respiración espontánea.
d) Todas las respuestas son ciertas.

22. En un niño que presenta una obstrucción de la vía aérea completa deberemos:

a) Iniciar secuencia de RCP.
b) Realizar 5 insuflaciones de rescate.
c) Realizar la maniobra frente–mentón para mantener la vía aérea abierta.
d) Alternar 5 compresiones torácicas con 5 golpes interescapulares.

23. ¿Cuál de las siguientes situaciones se define como una emergencia según la OMS?

a) Una patología cuya evolución es lenta y no necesariamente mortal.
b) Una situación que requiere atención médica en menos de 6 horas.
c) Una situación que debe ser atendida en un tiempo inferior a 1 hora.
d) Un suceso desgraciado que provoca una lesión permanente o pasajera.

24. ¿Qué se debe hacer primero en caso de accidente según la conducta PAS?

a) Avisar a los servicios de emergencia.
b) Socorrer a la víctima.
c) Proteger la zona del accidente.
d) Aplicar primeros auxilios inmediatamente.

25. ¿Qué prioridad se asigna a una patología aguda sin amenaza vital inmediata según el SAS?

a) Prioridad 1.
b) Prioridad 2.
c) Prioridad 3.
d) Prioridad 4.

En MADTEST tienes **más preguntas de este tema**, y todos tus avances quedan registrados y se reflejan en el ranking.

¡Supera tus límites con MADTEST!

Solución al test n.º 24

1. c) Todos los ciudadanos.

2. a) Un acuerdo a nivel mundial para consensuar definiciones relacionadas con la RCP.

3. c) Activación de los servicios de emergencia.

4. a) 112.

5. b) FV.

6. a) Tracción mandibular.

7. a) 30/2.

8. d) Se realizará una insuflación profunda para mejorar la oxigenación.

9. b) El paciente puede respirar y toser.

10. c) Deberemos hacer compresión sobre la herida.

11. d) Todas las respuestas son ciertas.

12. a) TVSP.

13. c) Nadie toca al paciente.

14. c) Cuando el reanimador está exhausto.

15. c) 5 ventilaciones.

16. b) 15/2.

17. c) En decúbito supino sobre una superficie dura.

18. a) Es en la línea intermamilar, sobre el esternón.

19. d) Tabla de RCP.

20. c) Un antiarrítmico.

21. a) Se mantiene la circulación espontánea durante 20 minutos.

22. d) Alternar 5 compresiones torácicas con 5 golpes interescapulares.

23. c) Una situación que debe ser atendida en un tiempo inferior a 1 hora.

24. c) Proteger la zona del accidente.

25. b) Prioridad 2.

TEST N.º 25

Medicamentos: tipo de medicamento; vías de administración; precauciones antes, durante y después de la administración. Conservación y almacenamiento de los medicamentos; caducidad

1. Toda sustancia empleada en la fabricación de un medicamento, ya permanezca inalterada, se modifique o desaparezca en el transcurso del proceso, se llama:

a) Excipiente.
b) Coadyuvante.
c) Materia prima.
d) Principio activo.

2. ¿Cómo se denomina todo medicamento que tenga la misma composición cualitativa y cuantitativa en principios activos y la misma forma farmacéutica, y cuya bioequivalencia con el medicamento de referencia haya sido demostrada por estudios adecuados de biodisponibilidad?

a) Medicamento especial.
b) Medicamento magistral.
c) Medicamento de investigación.
d) Medicamento genérico.

3. ¿Cómo se consideran las «premezclas para piensos medicamentosos» elaboradas para ser incorporadas a un pienso?

a) Medicamentos de uso humano.
b) Medicamentos de uso veterinario.
c) Medicamentos de terapia génica.
d) Medicamentos de origen humano.

4. La farmacodinamia estudia:

a) Los efectos de los fármacos en el organismo.
b) La aplicación de los fármacos en el ser humano con la finalidad de curar o de alterar voluntariamente una función normal.

c) Las reacciones adversas y las enfermedades producidas por los medicamentos.

d) La evolución de un fármaco en el organismo tras su administración por distintas vías, identificando los metabolitos y las modalidades de eliminación.

5. Cuando digo aspirina me estoy refiriendo a:

a) La marca registrada (nombre comercial).
b) Nombre científico.
c) Nombre químico.
d) Nombre genérico.

6. ¿Qué mecanismo de acción de fármacos serán aquellos en los que no intervienen estructuras biológicas especializadas (receptores)?

a) Estocástico.
b) No específico.
c) Específico.
d) Variable.

7. ¿Qué órgano se encarga de la eliminación de los metabolitos?

a) Esófago.
b) Estómago.
c) Hígado.
d) Páncreas.

8. El paso del fármaco de la sangre a los tejidos dependerá de su fijación a:

a) Proteínas plasmáticas.
b) Lípidos serológicos.
c) Glúcidos plasmáticos.
d) ATP circulante.

9. El efecto primario pretendido, es decir, la razón por la cual se prescribe el fármaco, con una dosis mínima eficaz es el efecto:

a) Secundario.
b) Lateral.
c) Terapéutico.
d) Adverso.

10. ¿Qué medicamentos de estos son formas farmacéuticas líquidas?

a) Polvos.
b) Sellos.

c) Emulsiones.
d) Geles.

11. ¿Cuál es la parte de la farmacología que estudia el movimiento de los fárma-cos en el organismo en función del tiempo y la dosis, desde que se administra hasta su eliminación total?

a) Farmacología clínica.
b) Farmacodinamia.
c) Farmacocinética.
d) Farmacognosia.

12. ¿Cómo se denomina el procedimiento que se lleva a cabo con la hoja de trata-miento correspondiente, para asegurarse al mismo tiempo del nombre del pacien-te, número de habitación y cama, medicamento y dosis a administrar, vía y horario?

a) Comprobación de los 5 errores o los 5 correctos.
b) Comprobación de la filiación del enfermo.
c) Comprobación de los 8 errores.
d) Nada de lo anterior es cierto.

13. Todo lo que se expone de la administración de un fármaco por vía oral es cierto, excepto que:

a) Puede y debe administrarse un medicamento preparado por otra persona (si re-quiere lo mismo).
b) No se deben administrar medicamentos en un recipiente mal rotulado.
c) No se debe perder de vista el carrito unidosis o bandeja de medicamentos.
d) Los medicamentos no usados nunca se regresan a los recipientes, se desechan o bien se avisa a farmacia.

14. ¿Qué afirmación es cierta respecto a la administración oftálmica?

a) No deben aplicarse las gotas estando la persona de pie o sentada, solo se pondrá si está en decúbito.
b) Nunca se eliminará el exceso de medicación con una gasa limpia.
c) Se limpiarán los ojos de secreciones con una gasa estéril empapada en una solu-ción irrigante, utilizando una gasa diferente para cada ojo con el fin de no contaminar o extender la infección.
d) No se debe tirar del parpado inferior y sí del superior, para aplicar el medicamento.

15. Los sistemas percutáneos se corresponden con la vía:

a) Tópica.
b) Intratecal.

c) Intraneural.
d) Transdérmica.

16. ¿Qué vía es parenteral directa?

a) Vía subcutánea.
b) Vía intraósea.
c) Vía intraarterial.
d) Son ciertas las respuestas a) y c).

17. ¿Cuál es el motivo por el que se evita la perfusión venosa en las piernas de medicamentos?

a) No existe ningún motivo, y se hace habitualmente en la práctica.
b) Mayor riesgo de infecciones.
c) Mayor riesgo de hemorragias.
d) Mayor riesgo de tromboflebitis.

18. ¿Qué otro nombre recibe la vía subcutánea?

a) Vía transdérmica.
b) Vía intradérmica.
c) Vía hipodérmica.
d) Vía subdérmica.

19. ¿Qué vía de esta es intrarraquídea?

a) Vía intratecal.
b) Vía intraarticular.
c) Vía intraperitoneal.
d) Vía intraótica.

20. Se recomienda y considera, según la OMS, que todos los medicamentos tienen una vigencia máxima, desde su fecha de fabricación, de:

a) 1 año.
b) 3 años.
c) 5 años.
d) 10 años.

En MADTEST tienes **más preguntas de este tema**, y todos tus avances quedan registrados y se reflejan en el ranking.

¡Supera tus límites con MADTEST!

Solución al test n.º 25

1. c) Materia prima.

2. d) Medicamento genérico.

3. b) Medicamentos de uso veterinario.

4. a) Los efectos de los fármacos en el organismo.

5. a) La marca registrada (nombre comercial).

6. b) No específico.

7. c) Hígado.

8. a) Proteínas plasmáticas.

9. c) Terapéutico.

10. c) Emulsiones.

11. c) Farmacocinética.

12. a) Comprobación de los 5 errores o los 5 correctos.

13. a) Puede y debe administrarse un medicamento preparado por otra persona (si requiere lo mismo).

14. c) Se limpiarán los ojos de secreciones con una gasa estéril empapada en una solución irrigante, utilizando una gasa diferente para cada ojo con el fin de no contaminar o extender la infección.

15. d) Transdérmica.

16. c) Vía intraarterial.

17. d) Mayor riesgo de tromboflebitis.

18. c) Vía hipodérmica.

19. a) Vía intratecal.

20. c) 5 años.

TEST N.º 26

Úlceras por presión: concepto; factores de riesgo; localización; etiología; medidas de prevención; movilización y cambios de postura

1. ¿Qué es lo más importante de lo que se expone en relación con las úlceras por presión a nivel sanitario?

a) Su tratamiento.
b) Su diagnóstico.
c) Su prevención.
d) Conocer sus causas.

2. ¿En qué personas se dan más úlceras por presión?

a) En personas encamadas.
b) En personas con buena movilidad.
c) En personas bien nutridas.
d) Nada de lo anterior es cierto.

3. ¿Qué causa de estas es neurológica o nerviosa en la génesis de la úlcera por presión?

a) Parálisis.
b) Arteriosclerosis.
c) Alteraciones de la microcirculación.
d) Todo lo anterior es cierto.

4. ¿Cuáles son los planos duros que ejercen presión para que se dé la úlcera por presión?

a) El colchón o asiento sobre el que reposa el enfermo y por otro la superficie ósea del paciente.
b) Las sábanas o colchas empleadas y las manos de los cuidadores.
c) Las manos de los cuidadores y el colchón o asiento sobre el que reposa el enfermo.
d) Las manos de los cuidadores y la superficie ósea del paciente.

5. ¿Qué tipo de enfermo de estos puede tener la consciencia alterada y por ello ser más susceptible a padecer úlceras por presión?

a) Enfermos psiquiátricos sometidos a fuertes dosis de sedantes.
b) Enfermos incontinentes.
c) Enfermos con Síndrome de Cushing.
d) Ninguno de los anteriores.

6. Se padecerá de úlcera por presión cuando haya circunstancias favorables y se dé un apoyo cutáneo que sobrepase como mínimo:

a) Media hora.
b) Una hora.
c) Dos a tres horas.
d) Veinte horas.

7. En posición de sentado, la úlcera por presión aparecerá más frecuentemente en:

a) La tuberosidad isquiática.
b) La tuberosidad púbica.
c) Los acromiones.
d) Los olécranos.

8. ¿Cómo se denominan las úlceras por presión acaecidas por mecanismos de presión y roce derivados del uso de materiales empleados en un tratamiento?

a) Mecánicas.
b) Físicas.
c) Iatrogénicas.
d) Idiopáticas.

9. La aparición de úlcera iatrogénica en muñecas y pies, suele ser por:

a) Agresiones indebidas del sanitario.
b) Sujeciones mecánicas.
c) Autolesiones.
d) No se producen.

10. ¿En qué estadio está una úlcera por presión (según la *Agency for Health Care and Research*) cuando aparece un eritema que no cede al retirar el estímulo de presión en piel intacta?

a) Estadio I.
b) Estadio II.
c) Estadio III.
d) Estadio IV.

11. ¿Cómo se denomina la última fase de formación de la úlcera de presión o forma más evolucionada?

a) Fase final de exitus.
b) Fase escoriativa.
c) Fase eritematosa.
d) Fase necrótica.

12. ¿Qué estadio es la preúlcera según la clasificación del *Grupo Nacional para el Estudio y Asesoramiento sobre las Úlceras por Presión y el Grupo Europeo de Úlceras por Presión*?

a) Estadio 0.
b) Estadio 1.
c) Estadio a.
d) Estadio A.

13. ¿Cuántos parámetros se valoran en la Escala de Norton?

a) 3.
b) 4.
c) 5.
d) 6.

14. Si la incontinencia del paciente es urinaria y fecal, en ese parámetro de la Escala de Norton obtendría una puntuación de:

a) 4.
b) 3.
c) 2.
d) 1.

15. ¿Qué puntuación presentaría un paciente (Escala de Norton) con úlcera por presión que presenta un estado físico general regular, una actividad disminuida, sin incontinencia, y está sentado y confuso?

a) 24.
b) 20.
c) 13.
d) 9.

16. ¿Qué factor o factores de riegos se miden en la Escala de Braden en pacientes con úlceras por presión?

a) Percepción sensorial (capacidad para reaccionar ante una molestia relacionada con la presión).
b) Estado físico.
c) Estado mental.
d) Incontinencia.

17. ¿Cuántos parámetros se valoran en la Escala de Braden?

a) 3.
b) 4.
c) 5.
d) 6.

18. ¿Cuál es la base para la prevención y el tratamiento de las úlceras por presión?

a) Sequedad de la cama y sus útiles.
b) Sequedad de la piel del paciente y adecuada nutrición de la misma.
c) Una planificación de los cuidados de enfermería basada en la continuidad sistemática de los mismos.
d) Son ciertas las respuestas a) y b).

19. ¿Cada cuánto tiempo deben realizarse los cambios de posición en pacientes con riesgos a úlceras por presión?

a) Cada 2-3 horas.
b) Cada 4-6 horas.
c) Cada 6-8 horas.
d) Cada 12 horas.

20. ¿Cuándo no está contraindicado el masaje en la UPP?

a) Nunca está contraindicado, es aconsejable.
b) Siempre está contraindicado, está prohibido ya que la agrava.
c) Cuando no agrava la preúlcera.
d) Si la zona aún no tiene enrojecimiento (eritema).

En MADTEST tienes **más preguntas de este tema**, y todos tus avances quedan registrados y se reflejan en el ranking.

¡Supera tus límites con MADTEST!

Solución al test n.º 26

1. c) Su prevención.

2. a) En personas encamadas.

3. a) Parálisis.

4. a) El colchón o asiento sobre el que reposa el enfermo y por otro la superficie ósea del paciente.

5. a) Enfermos psiquiátricos sometidos a fuertes dosis de sedantes.

6. c) Dos a tres horas.

7. a) La tuberosidad isquiática.

8. c) Iatrogénicas.

9. b) Sujeciones mecánicas.

10. a) Estadio I.

11. d) Fase necrótica.

12. a) Estadio 0.

13. c) 5.

14. d) 1.

15. c) 13.

16. a) Percepción sensorial (capacidad para reaccionar ante una molestia relacionada con la presión).

17. d) 6.

18. c) Una planificación de los cuidados de enfermería basada en la continuidad sistemática de los mismos.

19. a) Cada 2-3 horas.

20. d) Si la zona aún no tiene enrojecimiento (eritema).

Atención y preparación de los pacientes para una exploración y/o una intervención quirúrgica: posiciones anatómicas. Atención en las fases preoperatorias y postoperatorias

1. ¿A qué grupos de personas se les realiza algún tipo de exploración médica, al entrar como candidatas de los programas de prevención y despistaje rápido de determinadas patologías?

a) Grupos de personas candidatas.
b) Grupos de personas enfermas.
c) Grupos de personas susceptibles.
d) Grupos de personas de riesgo.

2. ¿Qué procedimiento físico a nivel de exploración médica es aquel que consiste en la aplicación del oído sobre la superficie del cuerpo del paciente, para oír los ruidos fisiológicos o patológicos que se producen en el interior del mismo?

a) Percusión.
b) Palpación.
c) Inspección.
d) Auscultación.

3. ¿Qué aparato emplea ultrasonidos como medio de exploración médica instrumental?

a) Ecografía.
b) RNM.
c) Espirometría.
d) Radiografía simple.

4. ¿En qué posición generalmente se colocará al paciente para la realización de una punción de médula ósea?

a) En posición de litotomía.
b) En posición de decúbito lateral.
c) En posición de decúbito supino.
d) En posición de Sims.

5. ¿Qué afirmación es incorrecta de las acciones a seguir por el TCAE, cuando se observa alguna cuestión fuera de lo normal en la toma de constantes vitales?

a) Nunca debe dejar registrado su nombre en la hoja de incidencias de enfermería pero siempre el del paciente.

b) Debe dejar constancia por escrito en la hoja de incidencias de enfermería de todo aquello que sea considerado como fuera de lo normal.

c) Debe informar objetivamente al enfermero/a responsable del paciente de todo aquello que sea considerado como fuera de lo normal.

d) Debe dejar por escrito en la hoja de incidencias de enfermería la hora a la que se ha realizado la observación y el día que ha ocurrido, así como cuál ha sido su actuación ante aquello considerado como fuera de lo normal.

6. El pulso central o apical se toma:

a) En la punta del corazón.

b) En la zona central del muslo.

c) En el cuello (es sinónimo del yugular).

d) En la zona central del brazo.

7. ¿Cuál de estas es considerada una posición adecuada para tomar el pulso?

a) Posición de bipedestación.

b) Posición de sentado.

c) Posición de decúbito prono.

d) Son válidas las respuestas a) y b).

8. En un adulto joven y sano la presión sistólica es de:

a) 180 mmHg.

b) 155 mmHg.

c) 130 mmHg.

d) 100 mmHg.

9. La temperatura ambiente a la hora de tomar la tensión arterial debe estar sobre los:

a) 10 ºC.

b) 22 ºC.

c) 30 ºC.

d) 35 ºC.

10. ¿Cuál es el componte más importante del cuerpo humano?

a) El sodio.

b) El postasio.

c) El agua.

d) La sal.

11. ¿Cuál es el catión más abundante en el espacio intracelular?

a) Sodio.
b) Hidrógeno.
c) Potasio.
d) Cloruro.

12. ¿Qué función poseerá la intervención quirúrgica que persiga determinar la causa o causas de los síntomas de un proceso morboso?

a) Intervención ablativa.
b) Intervención paliativa.
c) Intervención reparadora.
d) Intervención diagnóstica.

13. ¿Cuál de estas personas con un grupo sanguíneo concreto consideras que es donante universal?

a) Aquella con O^+.
b) Aquella con AB^+.
c) Aquella con O^-.
d) Aquella con B^-.

14. ¿A qué área del bloque quirúrgico pertenece el pasillo limpio y el almacén de material estéril?

a) Al área estéril.
b) Al área sucia.
c) Al área de intercambio.
d) Al área limpia.

15. La mesa metálica provista de ruedas, donde se coloca el material de uso continuo para la intervención (bisturí, separadores, pinzas, tijeras, batas, guantes, etc.), se denomina:

a) Mesa auxiliar.
b) Mesa mayo.
c) Cigüeña.
d) Todo lo anterior es cierto.

16. ¿Cómo se denomina la anestesia que consiste en aplicar la inyección de un anestésico local en el espacio adyacente a la duramadre?

a) Anestesia general.
b) Anestesia raquídea.

c) Anestesia epidural.
d) Anestesia interductal.

17. La deambulación posoperatoria temprana debe llevarse a cabo tras la intervención entre:

a) 4-8 horas.
b) 8-12 horas.
c) 24-48 horas.
d) 72-96 horas.

18. ¿Qué procedimiento técnico es el que pretende asegurar la salida de líquidos y derrames de una herida, absceso o cavidad natural traumática o quirúrgica?

a) Apósitos.
b) Gasa y paños.
c) Drenajes.
d) Sondas.

19. El drenaje vesical se realiza mediante:

a) Sonda de Foley.
b) Sonda nasogástrica.
c) Sonda de Pasman.
d) Sonda de Mickulicz.

20. ¿Qué drenaje mixto consiste en un tubo de goma relleno de gasa?

a) Drenaje en cigarrillo.
b) Drenaje en pipa de fumar.
c) Drenaje invertido de Pasman.
d) Redón.

21. La posición de Sims se utiliza para la exploración:

a) De recto y de vagina.
b) De aparato cardiovascular.
c) De aparato respiratorio.
d) De mamas, de parte anterior del tórax y del abdomen.

22. ¿De cuántas personas se requiere para tomar el pulso apical-radial?

a) De 1 persona.
b) De 2 personas.
c) De 3 personas.
d) De ninguna, lo hace una máquina.

23. ¿Qué materia no necesitaremos para la toma de la PVC?

a) Tensiómetro.
b) Llave de tres pasos.
c) Envase de suero fisiológico.
d) Vía central canalizada, bien con acceso central o periférico.

24. El drenaje de Penrose es del tipo:

a) Drenajes por capilaridad o pasivos.
b) Drenajes por aspiración.
c) Drenajes por colectores o activos.
d) Drenajes de Mickulicz.

25. ¿Cómo se denomina la pantalla existente en la sala de quirófanos con sistema de iluminación, que se emplea para visualizar radiografías?

a) Escabel.
b) Negatoscopio.
c) Armario radiográfico.
d) Gammacámara.

Solución al test n.º 27

1. d) Grupos de personas de riesgo.

2. d) Auscultación.

3. a) Ecografía.

4. c) En posición de decúbito supino.

5. a) Nunca debe dejar registrado su nombre en la hoja de incidencias de enfermería pero siempre el del paciente.

6. a) En la punta del corazón.

7. b) Posición de sentado.

8. c) 130 mmHg.

9. b) 22 ºC.

10. c) El agua.

11. c) Potasio.

12. d) Intervención diagnóstica.

13. c) Aquella con O⁻.

14. d) Al área limpia.

15. d) Todo lo anterior es cierto.

16. c) Anestesia epidural.

17. c) 24-48 horas.

18. c) Drenajes.

19. a) Sonda de Foley.

20. a) Drenaje en cigarrillo.

21. a) De recto y de vagina.

22. b) De 2 personas.

23. a) Tensiómetro.

24. a) Drenajes por capilaridad o pasivos.

25. b) Negatoscopio.

Atención de los pacientes de salud mental: concepto de trastorno mental grave. Atención de las necesidades básicas durante la hospitalización

1. La definición de la OMS de salud mental dice que es el resultado de la presencia de aspectos, necesarios para alcanzar un estado de completo bienestar de tipo:

a) Psicológico, afectivo y ambiental sobre la salud.
b) Psicológico, afectivo y social sobre la salud.
c) Afectivo, social y ambiental sobre la salud.
d) Físico, psicológico y social sobre la salud.

2. ¿Qué aspectos multifactoriales se recogen en un mismo individuo?

a) Aspectos físicos, psíquicos, religiosos, culturales y ambientales.
b) Aspectos físicos, psíquicos, socioeconómicos y ambientales.
c) Aspectos físicos, sociales, éticos, psíquicos y ambientales.
d) Aspectos físicos, psíquicos, sociales, culturales y ambientales.

3. ¿Qué concepto implica que el hecho de la existencia de una relación de afecto, emoción o sentimiento de la persona vaya a tener repercusiones somáticas positivas o negativas, tales como cefaleas, náuseas, diarreas, etc.?

a) El concepto de dinamismo.
b) El concepto de interacción.
c) El concepto de normalidad.
d) El concepto de aversión.

4. ¿Qué número de edición es la vigente del *Manual diagnóstico y estadístico de los trastornos mentales de la Asociación Estadounidense de Psiquiatría* (DSM)? La edición:

a) Segunda.
b) Tercera.
c) Cuarta.
d) Quinta.

5. ¿Cuántas categorías de trastornos mentales incluye la actual clasificación de trastornos mentales de la Asociación Estadounidense de Psiquiatría DSM?

a) 18.
b) 22.
c) 30.
d) 35.

6. ¿Qué clasificación de trastornos mentales recomienda la OMS que se use?

a) DSM- V.
b) CIE- 10.
c) DMS- III.
d) ASLO- V.

7. La ansiedad es un trastorno de tipo:

a) Psicótico.
b) Neurótico.
c) Sociopático.
d) Psicopático, asociado a toxicomanías.

8. ¿Qué característica presenta el nivel de ansiedad donde el individuo presenta una atención selectiva y un campo perceptivo disminuido?

a) Nivel de ansiedad leve.
b) Nivel de ansiedad moderado.
c) Nivel de ansiedad severo.
d) Ausencia.

9. El miedo irracional a los espacios abiertos se denomina:

a) Claustrofobia.
b) Dismorfobia.
c) Agorafobia.
d) Eritrofobia.

10. ¿Qué se denomina como contenidos o actividades psíquicas que se imponen en un individuo a pesar suyo?

a) Neurosis.
b) Fobia.
c) Obsesión.
d) Ilusión.

11. ¿Qué trastorno presentan las personas con el cuadro clínico típico de *flashbacks*?

a) Trastorno obsesivo-compulsivo.
b) Trastorno de estrés traumático.
c) Trastorno fóbico.
d) Trastorno de ansiedad generalizada.

12. Según la DMS los trastornos del estado de ánimo o afectivos denominados trastornos depresivos, incluyen:

a) Las fobias y los trastornos bipolares.
b) El episodio depresivo mayor, el episodio maníaco y el episodio mixto.
c) El trastorno depresivo mayor y el trastorno distímico.
d) Los trastornos bipolares y ciclotímicos.

13. ¿Qué trastorno del ánimo o afectivo (según DSM) pertenece al grupo de los trastornos depresivos?

a) Trastorno Depresivo Mayor.
b) Episodio maníaco.
c) Episodio mixto.
d) Trastorno bipolar.

14. ¿Qué otro nombre recibe los trastornos bipolares?

a) Ciclotimia.
b) Psicosis afectiva no polar.
c) Psicosis falsotímica.
d) Todos los anteriores son correctos.

15. ¿En qué momento del síndrome bipolar ciclotímico existe mayor riesgo de suicidio?

a) Al principio de la fase maníaca.
b) En el momento de la fase depresiva.
c) Al recuperarse de la fase depresiva.
d) Al recuperarse de la fase maníaca.

16. ¿Cuál es la edad de presentación más frecuente de la esquizofrenia?

a) Adolescencia y adulto joven.
b) Primera infancia.
c) Segunda infancia y adolescencia.
d) Adulto maduro (más de 45 años) y senectud.

17. La lentitud o inhibición del pensamiento que puede llegar hasta el bloqueo se denomina:

a) Taquipsiquia.
b) Bradifemia.
c) Bradipsiquia.
d) Verborrea.

18. ¿Qué modalidad de esquizofrenia se caracteriza por presentar períodos alternantes de apatía extrema y excitación intensa?

a) Esquizofrenia paranoide.
b) Esquizofrenia catatónica.
c) Esquizofrenia hebefrénica.
d) Esquizofrenia residual.

19. ¿Qué aspecto de la esquizofrenia induce a pensar que posee buen pronóstico?

a) Asociada a abuso de drogas.
b) Si es de tipo desorganizado o indiferenciado.
c) Si comienza en edad temprana.
d) Si clínicamente existe confusión y signos atípicos.

20. ¿Qué sustancias se usan para disminuir el nivel de ansiedad?

a) Benzodiacepinas.
b) Inhibidores de la monoaminooxidasa.
c) Neurolépticos.
d) Antidepresivos tricíclicos.

21. ¿Qué aspecto es cierto del proceso de salud-enfermedad?

a) Es un proceso dinámico.
b) El estado de enfermedad no influye sobre los cambios económicos y sociales del individuo.
c) Nunca podrá aparecer una enfermedad mental como consecuencia de una situación marginal socioeconómica.
d) Todos los aspectos son ciertos.

22. ¿Cómo se denomina la edición vigente de la clasificación de los trastornos mentales de la Asociación Estadounidense de Psiquiatría de 2013?

a) DSM-3.
b) DSM-5.
c) DMS-2.
d) DMS-7.

23. ¿Cómo se denominan las conductas tendentes a disminuir la angustia ligada a la obsesión?

a) Fobia.
b) Obsesión.
c) Ritos compulsivos.
d) Angustia.

24. Dentro de los cuidados de enfermería (TCAE) de los trastornos de la ansiedad, indica cuál de ellos no es correcto:

a) Identificar las situaciones que aumenten la tensión y ayudarle a tomar conciencia de su ansiedad.
b) Proporcionarle seguridad, permaneciendo junto a la persona y no exigirle que tome decisiones.
c) Nunca valorar el nivel de ansiedad del individuo, ya que es labor exclusiva del psicoterapeuta.
d) Enseñarle métodos para reducir la ansiedad, tales como la relajación y técnicas de reducción del estrés.

25. ¿Qué síntomas de la esquizofrenia son primarios?

a) Catatonias.
b) Trastornos afectivos.
c) Alucinaciones auditivas.
d) Trastornos del lenguaje.

En MADTEST tienes **más preguntas de este tema**, y todos tus avances quedan registrados y se reflejan en el ranking.

¡Supera tus límites con MADTEST!

Solución al test n.º 28

1. b) Psicológico, afectivo y social sobre la salud.

2. b) Aspectos físicos, psíquicos, socioeconómicos y ambientales.

3. b) El concepto de interacción.

4. d) Quinta.

5. b) 22.

6. b) CIE- 10.

7. b) Neurótico.

8. b) Nivel de ansiedad moderado.

9. c) Agorafobia.

10. c) Obsesión.

11. b) Trastorno de estrés traumático.

12. c) El trastorno depresivo mayor y el trastorno distímico.

13. a) Trastorno Depresivo Mayor.

14. a) Ciclotimia.

15. c) Al recuperarse de la fase depresiva.

16. a) Adolescencia y adulto joven.

17. c) Bradipsiquia.

18. b) Esquizofrenia catatónica.

19. d) Si clínicamente existe confusión y signos atípicos.

20. a) Benzodiacepinas.

21. a) Es un proceso dinámico.

22. b) DSM-5.

23. c) Ritos compulsivos.

24. c) Nunca valorar el nivel de ansiedad del individuo, ya que es labor exclusiva del psicoterapeuta.

25. c) Alucinaciones auditivas.

Atención de los pacientes en situación de necesidad de cuidados paliativos. Duelo: tipo y manifestaciones. Cuidados post mortem

1. ¿Qué aspecto de estos es clave que se dé en cuidados paliativos, siempre que sea posible?

a) La atención hospitalaria.
b) La atención en centro de salud habitual.
c) La atención en centro de salud especializado.
d) La atención domiciliaria.

2. Respecto a los cuidados paliativos no es cierto que:

a) Mejoran la calidad de vida de los pacientes y de sus familias.
b) Alivian el dolor y otros síntomas.
c) Aceleran la muerte.
d) Afirman la vida, y consideran la muerte como un proceso normal.

3. ¿Qué pronóstico (en meses) de vida es el promedio general en pacientes terminales?

a) Está limitado a 2 meses (± 1).
b) Está limitado a 3 meses (± 2).
c) Está limitado a 6 meses (± 3).
d) Está limitado a 9 meses (± 3).

4. ¿Qué principio básico, según Beauchamp y Childress, se sintetiza con la expresión latina *primum non nocere*?

a) Justicia.
b) No maleficencia.
c) Autonomía.
d) Beneficencia.

5. ¿En qué tipo de actuaciones se basan los cuidados paliativos?

a) Eutanasia.
b) Eugenesia.
c) Distanasia.
d) Ortotanasia.

6. A toda acción que pretende terminar con la vida del enfermo para acabar con el sufrimiento se le denomina:

a) Eutanasia.
b) Distanasia.
c) Eugenesia.
d) Ortotanasia.

7. ¿Cuál de estos derechos que se nombran a continuación, de las personas adultas en situación terminal, no consideras que sea tal?

a) Derecho a recibir atención médica y soporte personal.
b) Derecho a la autodeterminación y a rechazar un tratamiento.
c) Derecho a participar en la toma de decisiones relativas a las pruebas complementarias, aunque no en el tratamiento.
d) Derecho a ser tratados con la mayor dignidad y a ver su dolor aliviado.

8. Respecto al reposo y al sueño del enfermo terminal es cierto que:

a) Son infrecuentes las irregularidades en el patrón del sueño.
b) No se deben dar hipnóticos para el sueño, aunque se prescriban por el facultativo.
c) Hay que evitar que se sienta solo, y esto lo relaja y disminuye su estrés, favoreciendo que no se den las irregularidades del sueño.
d) La causa del insomnio siempre es psicológica.

9. ¿Qué consejo en la alimentación en cuidados paliativos es incorrecto?

a) No presionar o agobiar al paciente con la comida, intentando adaptarse al "gusto" del paciente.
b) Presentar la comida de forma atractiva (la comida entra por los ojos).
c) Fraccionar la dieta en seis o siete tomas al día (más veces, menos cantidad), evitando alimentos flatulentos, muy condimentados, o/y con olores intensos.
d) Hay que obligar a comer a los pacientes, la falta de comida constituye una ded las causas de empeoramiento.

10. ¿Qué virus es el que más frecuentemente aparece en la boca de los enfermos que están recibiendo quimioterapia?

a) Cándida.
b) Virus de Epstein-Barr.

c) Citomegalovirus.
d) Herpes simple.

11. ¿Qué aspecto no posee el dolor agudo que sí lo posee el dolor crónico?

a) Posee una misión biológica.
b) Mejor vía de administración la analgesia oral/rectal.
c) Posee un comienzo de alivio rápido.
d) El paciente presenta un estado emocional ante el dolor de cansado/ansioso.

12. ¿Qué factor de esto disminuye el dolor?

a) Miedo.
b) Depresión.
c) Vejez.
d) Sueño.

13. ¿Qué dolor de estos no es nociceptivo?

a) El dolor somático, por estimulación de los receptores periféricos.
b) El dolor visceral, por infiltración, compresión o distensión de vísceras.
c) El dolor neuropático, por daño del Sistema Nervioso Central (dolor central) o periférico (desaferentización).
d) Todos son nociceptivos.

14. Todo lo que se expone del fentanilo es cierto, excepto que:

a) Es un opioide sintético.
b) El fentanilo tiene indicaciones diferentes a la morfina en el tratamiento de dolor crónico que no responda al segundo escalón de la OMS.
c) El principal inconveniente del fentanilo-TTS es su mala adherencia en pieles sudorosas o/y febriles.
d) El fentanilo está especialmente indicado en disfagia/odinofagia, cuando existe un escaso cumplimiento de la medicación oral y cuando se dan problemas en el tránsito gastrointestinal (ocasiona menos estreñimiento).

15. ¿Qué causa de la ansiedad se relaciona con las fases de duelo de la doctora Kübler-Ross?

a) Los problemas relacionados con efectos directos de la enfermedad o complicaciones médicas.
b) Las reacciones adaptativas como consecuencia de la aparición de cambios inevitables.
c) Los problemas derivados de la existencia previa de problemas psicológicos.
d) Aquellas derivadas de los efectos secundarios del tratamiento.

16. ¿Qué nivel de sedación presenta un paciente con una respuesta rápida a estímulos dolorosos/presión glabelar, según la escala de Ramsay?

a) Nivel de sedación II.
b) Nivel de sedación III.
c) Nivel de sedación IV.
d) Nivel de sedación V.

17. ¿Cómo se denomina la capacidad para comprender, aceptar y compartir los sentimientos del paciente (incluso de otras personas)?

a) Catarsis.
b) Empatía.
c) Reflexividad.
d) Eustrés.

18. ¿Qué respuestas es incorrecta?

a) Las familias necesitan atención al mismo tiempo que el paciente terminal.
b) Los familiares deben ser partícipes del plan de cuidados del paciente.
c) No es conveniente instruir a los familiares en los cuidados necesarios para el paciente.
d) El médico debe facilitar a la familia la mayor cantidad de información posible sobre el estado del paciente.

19. ¿Cuál de estas etapas de aceptación de la muerte (Kübler-Ross) suele ser cronológicamente la primera?

a) Ira.
b) Negociación.
c) Negación.
d) Aceptación.

20. ¿En qué fase según Spoken está el paciente terminal que aún no conoce el diagnóstico ni el alcance de la enfermedad, pero la familia sí?

a) Fase de despreocupación.
b) Fase de inseguridad.
c) Fase de negación.
d) Fase de comunicación de la verdad.

En MADTEST tienes **más preguntas de este tema**, y todos tus avances quedan registrados y se reflejan en el ranking.

¡Supera tus límites con MADTEST!

Solución al test n.º 29

1. d) La atención domiciliaria.

2. c) Aceleran la muerte.

3. c) Está limitado a 6 meses (± 3).

4. b) No maleficencia.

5. d) Ortotanasia.

6. a) Eutanasia.

7. c) Derecho a participar en la toma de decisiones relativas a las pruebas complementarias, aunque no en el tratamiento.

8. c) Hay que evitar que se sienta solo, y esto lo relaja y disminuye su estrés, favoreciendo que no se den las irregularidades del sueño.

9. d) Hay que obligar a comer a los pacientes, la falta de comida constituye una ded las causas de empeoramiento.

10. d) Herpes simple.

11. b) Mejor vía de administración la analgesia oral/rectal.

12. d) Sueño.

13. c) El dolor neuropático, por daño del Sistema Nervioso Central (dolor central) o periférico (desaferentización).

14. b) El fentanilo tiene indicaciones diferentes a la morfina en el tratamiento de dolor crónico que no responda al segundo escalón de la OMS.

15. b) Las reacciones adaptativas como consecuencia de la aparición de cambios inevitables.

16. c) Nivel de sedación IV.

17. b) Empatía.

18. c) No es conveniente instruir a los familiares en los cuidados necesarios para el paciente.

19. c) Negación.

20. a) Fase de despreocupación.

TEST N.º 30

Seguridad clínica: prevención de caídas; prevención de úlceras por presión; higiene de manos. Sistemas de notificación de acontecimientos adversos. Estrategias de seguridad

1. La seguridad del paciente se entiende como:

a) El coste ocasionado por la asistencia sanitaria.
b) El error ocasionado por los profesionales sanitarios.
c) La ausencia, prevención y minimización del daño ocasionado por la asistencia sanitaria.
d) La deficiente organización de los servicios sanitarios.

2. Según la OMS, la definición de Seguridad del paciente es:

a) No solo la ausencia de daño innecesario real asociado a la atención integral.
b) La ausencia de un daño innecesario real o potencial asociado a la atención sanitaria.
c) El conjunto de elementos estructurales, procesos, instrumentos y metodologías basadas en Evidencias científicamente comprobadas que buscan minimizar el riesgo de sufrir un evento adverso en el proceso de atención de salud.
d) Todas son correctas.

3. Una lesión no intencionada que se relaciona con el proceso asistencial más que con el estado patológico del paciente, es denominado:

a) Riesgo.
b) Efecto adverso.
c) Peligro.
d) Causa contribuyente.

4. Cita cuál es una causa por la que se puede producir un evento adverso:

a) Por error humano.
b) Por fallos en el sistema.
c) Por agentes externos a la organización.
d) Todas son correctas.

5. La teoría del error humano planteada a través del modelo defensivo del "queso suizo" tiene como autor:

a) Peterson.
b) Reason.
c) Lenninger.
d) Frost.

6. Los errores humanos pos causas involuntarias, pueden ser por:

a) Despiste.
b) Desliz.
c) Lapsus.
d) Todas son correctas.

7. ¿Qué tipo de error humano se produce por fallos de la memoria?

a) Desliz.
b) Despiste.
c) Lapsus.
d) Todos ellos.

8. ¿Qué tipo de error se produce por incumplimiento de normas o procedimientos de seguridad de forma intencionada?

a) Equivocación.
b) Sabotaje.
c) Violación.
d) Negligencia.

9. El modelo del "queso suizo":

a) Explica un accidente como la "superposición o coincidencia de fallas en diferentes niveles de la organización en un mismo momento.
b) En este modelo se representan, como lonchas de queso, las barreras o defensas del sistema sanitario para reducir los riesgos o peligros de las actividades sanitarias y evitar la aparición de un efecto adverso en el paciente.
c) Sus agujeros representan sus imperfecciones.
d) Todas son correctas.

10. Cualquier situación no deseable o factor que pueda contribuir a aumentar la probabilidad de que se produzca, que está en relación con la atención sanitaria recibida y que puede tener consecuencias para la salud del paciente, se denomina:

a) Efecto terapéutico.
b) Peligro.

c) Riesgo.
d) Error.

11. ¿Cuál es el orden lógico para llevar a cabo un ACR?

a) Detección del hecho y búsqueda del responsable.
b) Organización del equipo, detección de los incidentes, recogida de la información, realización del mapa de los hechos, análisis y plan de acción.
c) Detección del hecho, búsqueda del responsable, recopilación de la información, búsqueda de la causa y acciones de mejora.
d) Ninguna es correcta.

12. ¿Cuál de los siguientes se considera un error de medicación?

a) Usar la vía oral para un fármaco intramuscular.
b) Retrasar la administración de una dosis.
c) No valorar las interacciones con otros fármacos.
d) Todas ellas son consideran errores de medicación.

13. Una de las siguientes NO es una característica del AMFE. Identifícala:

a) Es un análisis sistemático.
b) Es un análisis esporádico.
c) Es un análisis participativo.
d) Permite la priorización.

14. En la fase del ACR "Descripción del suceso" se debe incluir:

a) Descripción de lo sucedido.
b) Descripción de dónde y cuándo ocurrió el evento.
c) Las características del paciente y los profesionales relacionados con el evento.
d) Todas son correctas.

15. Las siglas AMFE, ¿qué significan?

a) Actuaciones modificables de fallos y efectos.
b) Análisis metódico de factores adversos.
c) Análisis modal de fallos y efectos.
d) Actuación modal para fallos y efectos.

16. Dentro de las características del sistema AMFE, ¿qué significado tiene que sea proactivo?

a) Que el análisis se estructura para asegurar la consideración de todos los fallos.
b) Que el análisis evalúa cada modo de fallo asignando una puntación.

c) Que el análisis se realiza en equipo.

d) Que se realiza un análisis *a priori* de los potenciales modos de fallo del proceso o servicio.

17. El índice de prioridad del riesgo en el sistema AMFE es una combinación de:

a) La gravedad, la probabilidad de ocurrencia y la importancia.

b) La probabilidad de ocurrencia, la importancia y la frecuencia.

c) La gravedad, la probabilidad de aparición y la probabilidad de detección.

d) La frecuencia, la importancia y la gravedad.

18. ¿Cuál de las siguientes no es una fase de realización del AMFE?

a) Describir las causas que podrían originar fallos.

b) Calcular el coste.

c) Calcular las prioridades.

d) Implantar acciones de mejora para prevenirlos.

19. Una práctica clínica segura debe ser capaz de conseguir varios objetivos. Indica el que no corresponda:

a) Encontrar las evidencias científicamente comprobadas para el ejercicio de la atención sanitaria.

b) Realizar los procedimientos correctamente y sin errores.

c) Asegurar que los procedimientos se aplican a quien los necesita.

d) Identificar qué procedimientos clínicos, diagnósticos y terapéuticos son los más seguros y eficaces para los pacientes.

20. Para investigar de forma sistemática el entorno y las causas subyacentes de los EA ocurridos, especialmente los sucesos centinela, se realizará un:

a) Análisis DAFO.

b) Análisis Modal de Fallos y Efectos.

c) Análisis de Causa-Raíz.

d) Análisis de los Sistemas Alerta.

21. Para reducir el error de medicación se recomienda tomar las siguientes medidas. Señala la respuesta incorrecta:

a) Verificación del medicamento.

b) Velocidad de infusión.

c) La dosis del fármaco siempre se emitirá en unidad de volumen.

d) Vía de administración.

22. En caso de pacientes pediátricos, ¿qué regla facilita la elección de dosis y calibre de los materiales a emplear en las situaciones de emergencias en función de la estatura del niño?

a) El doble chequeo.

b) La unificación de dosis de administración.

c) La utilización de dispositivos de infusión segura.

d) La regla de Broselow.

23. La conciliación del tratamiento para prevenir los errores de medicación que ocurren en la transición asistencial se hará:

a) Implantando un plan de acogida.

b) Obteniendo la historia farmacoterapéutica completa del paciente en el medio ambulatorio y usarla como referencia.

c) Estableciendo una lista de medicamentos de alto riesgo.

d) Evitando la prescripción no electrónica.

24. Para evitar errores adversos debido a la utilización de medicamentos con nombres o apariencia similar:

a) Exigir que las órdenes de medicamentos incluyan tanto la marca comercial como la denominación común, la forma de dosificación, la concentración, las instrucciones e indicaciones de uso.

b) Exigir la utilización de prescripciones electrónicas.

c) Normalizar la denominación asignando el mismo nombre a la marca comercial y a la denominación común.

d) Retirar la marca comercial de todos los productos que tengan la denominación genérica en el mercado.

25. ¿Cuál es el nivel con respecto a las prácticas de la higiene de las manos y su promoción en el que, aunque se aplican algunas medidas, no llegan a alcanzar un nivel satisfactorio, por lo que hay que seguir mejorando?

a) Básico.

b) Inadecuado.

c) Intermedio.

d) Avanzado.

26. Después del contacto con los pacientes o con un entorno contaminado, los microorganismos pueden sobrevivir en las manos durante un intervalo de:

a) 1 a 2 minutos.

b) 30 segundos a 1 minuto.

c) Hasta 90 minutos.

d) 2 a 60 minutos.

27. Los principales métodos para medir la higiene de manos son los siguientes excepto uno. Indica cuál:

a) Análisis de la zona asistencial del paciente.
b) Utilización de encuestas.
c) Observación directa.
d) Consumo de producto.

28. Para protegerse y proteger el entono de atención de salud de los gérmenes dañinos del paciente, los profesionales sanitarios deben lavarse las manos:

a) Antes de tocar al paciente.
b) Antes de realizar una tarea aséptica.
c) Después del contacto con el entorno del paciente.
d) Antes de entrar al quirófano.

29. Con el Programa Bacteriemia Zero se realizará la intervención estandarizada de prevención de la bacteriemia relacionada con la inserción y manejo de catéteres venosos centrales mediante:

a) Análisis causa raíz (ACR).
b) Análisis de datos agregados.
c) Versión simplificada del análisis causa raíz (ACR).
d) Programa STOP- BRC.

30. La lista de verificación es una acción orientada a:

a) Prevención de las infecciones relacionadas con los catéteres centrales en las unidades de cuidados intensivos (UCI).
b) Mejorar la seguridad de los pacientes.
c) Evaluar la cultura de seguridad (medición basal y periódica).
d) Reducir las complicaciones perioperatorias.

31. Los estudios publicados demuestran que el cumplimiento de la higiene de manos se realiza mejor entre uno de los siguientes profesionales sanitarios. Indica cuál:

a) El/la cirujano/a.
b) El/la anestesiólogo/a.
c) El/la médico internista.
d) El/la enfermero/a.

32. ¿En cuál de los siguientes casos se deben lavar las manos solo con agua y jabón y no con preparado de base alcohólica?

a) Asepsia prequirúrgica.
b) Después de la exposición a fluidos orgánicos.

c) Antes de realizar una cura.

d) Antes de la manipulación de dispositivos invasivos.

33. ¿Qué dimensión de la Seguridad del Paciente tiene por objeto promover actividades orientadas a la identificación de los incidentes derivados de la atención sanitaria y al análisis de sus causas?:

a) Las acciones de mejora.

b) Los sistemas de notificación.

c) La detección de incidencias.

d) La gestión de riesgos.

34. En la fase de análisis y evaluación del riesgo, del proceso de gestión de riesgos, ¿de qué forma se analizan los riesgos y efectos adversos que ya se han producido?:

a) Asistemática.

b) Reactiva.

c) Proactiva.

d) Secuencial.

35. Los indicadores de evaluación de la práctica permiten la monitorización y detección de los efectos adversos relacionados con la asistencia sanitaria. Señale la respuesta correcta en relación a estos indicadores:

a) Los indicadores de estructura miden cómo se hace la atención sanitaria.

b) Los indicadores centinela miden un suceso adverso y, a menudo, evitable.

c) Los indicadores de proceso miden los recursos y la organización de la atención.

d) Los indicadores centinela miden los daños de los planes de autoprotección.

36. Los llamados cinco momentos para el lavado de manos en el contexto hospitalario, son:

a) Antes de comenzar el turno de trabajo, antes de realizar una técnica aséptica, después de exponerse a fluidos corporales, después de entrar en contacto con el paciente y después de entrar en contacto con el entorno que rodea al paciente.

b) Antes de entrar en la habitación del paciente, antes de realizar una técnica aséptica, antes de exponerse a fluidos corporales, antes de entrar en contacto con el paciente y antes de entrar en contacto con el entorno que rodea al paciente.

c) Antes de entrar en contacto con el paciente, antes de realizar una técnica aséptica, después de exponerse a fluidos corporales, después de entrar en contacto con el paciente y después de entrar en contacto con el entorno que rodea al paciente.

d) Antes de empezar el turno de trabajo, antes de tener contacto con el paciente, antes de quitarnos la vestimenta, antes de salir de la habitación de un paciente, después tener contacto con el paciente.

37. Señalar la afirmación incorrecta, con relación a la importancia de utilizar guantes en la atención sanitaria:

a) Los guantes se utilizan para proporcionar una barrera protectora y prevenir la contaminación grosera de las manos, cuando se toca sangre, fluidos corporales, secreciones, excreciones, membranas mucosas y piel no intacta.

b) Los guantes se utilizan para reducir la probabilidad de que los microorganismos presentes en las manos del personal se transmitan a pacientes, durante procedimientos invasivos u otros cuidados que lleven consigo el contacto con membranas mucosas o piel no intacta de pacientes.

c) El hecho de utilizar guantes reemplaza la necesidad del lavado de manos.

d) El hecho de utilizar guantes no reemplaza el lavado de manos.

Solución al test n.º 30

1. c) La ausencia, prevención y minimización del daño ocasionado por la asistencia sanitaria.

2. d) Todas son correctas.

3. b) Efecto adverso.

4. d) Todas son correctas.

5. b) Reason.

6. d) Todas son correctas.

7. c) Lapsus.

8. c) Violación.

9. d) Todas son correctas.

10. c) Riesgo.

11. b) Organización del equipo, detección de los incidentes, recogida de la información, realización del mapa de los hechos, análisis y plan de acción.

12. d) Todas ellas son consideran errores de medicación.

13. b) Es un análisis esporádico.

14. d) Todas son correctas.

15. c) Análisis modal de fallos y efectos.

16. d) Que se realiza un análisis *a priori* de los potenciales modos de fallo del proceso o servicio.

17. c) La gravedad, la probabilidad de aparición y la probabilidad de detección.

18. b) Calcular el coste.

19. a) Encontrar las evidencias científicamente comprobadas para el ejercicio de la atención sanitaria.

20. c) Análisis de Causa-Raíz.

21. c) La dosis del fármaco siempre se emitirá en unidad de volumen.

22. d) La regla de Broselow.

23. b) Obteniendo la historia farmacoterapéutica completa del paciente en el medio ambulatorio y usarla como referencia.

24. a) Exigir que las órdenes de medicamentos incluyan tanto la marca comercial como la denominación común, la forma de dosificación, la concentración, las instrucciones e indicaciones de uso.

25. a) Básico.

26. d) 2 a 60 minutos.

27. a) Análisis de la zona asistencial del paciente.

28. c) Después del contacto con el entorno del paciente.

29. d) Programa STOP- BRC.

30. d) Reducir las complicaciones perioperatorias.

31. c) El/la médico internista.

32. b) Después de la exposición a fluidos orgánicos.

33. d) La gestión de riesgos.

34. b) Reactiva.

35. b) Los indicadores centinela miden un suceso adverso y, a menudo, evitable.

36. c) Antes de entrar en contacto con el paciente, antes de realizar una técnica aséptica, después de exponerse a fluidos corporales, después de entrar en contacto con el paciente y después de entrar en contacto con el entorno que rodea al paciente.

37. c) El hecho de utilizar guantes reemplaza la necesidad del lavado de manos.

Cómo acceder al Curso

Técnico Medio Sanitario en Cuidados Auxiliares de Enfermería
Test del temario

El uso de los códigos **es exclusivo de los compradores de los productos de Editorial MAD**. Cada producto posee un código único y de un solo uso. Es personal e intransferible y da acceso a servicios y contenidos adicionales. Editorial MAD se reserva el derecho de hacer cuantas comprobaciones sean necesarias para identificar al legítimo poseedor del código y dejar de dar servicio a quien haga uso fraudulento del mismo, además de emprender cuantas acciones legales estime oportunas según la legislación vigente.

Deberás acceder a:

mad.es/registro-campus

Si una vez aceptadas las condiciones de uso del Campus decides hacer uso del mismo, necesitarás del siguiente código de acceso junto con los códigos del resto de títulos que se exigen (si fuera el caso):

F93TM2BSYW